CRISTO INÉDITO
As Pegadas que Mudaram o Mundo

José Vasconcelos

CRISTO INÉDITO
As Pegadas que Mudaram o Mundo

MADRAS

© by Madras Editora Ltda.

Supervisão Editorial e Coordenação Geral:
Wagner Veneziani Costa

Produção e Capa:
Equipe Técnica Madras

Revisão:
Isabel Aparecida Ribeiro da Silva
Wilson Ryoji Inoto
Renato Paiva

ISBN 85-7374-299-2

Proibida a reprodução total ou parcial desta obra, de qualquer forma ou por qualquer meio eletrônico, mecânico, inclusive por meio de processos xerográficos, sem a permissão expressa do editor (Lei nº 9.610, de 19.2.98).

Todos os direitos desta edição, para a língua portuguesa, reservados pela

MADRAS EDITORA LTDA.
Rua Paulo Gonçalves, 88 — Santana
02403-020 — São Paulo — SP
Caixa Postal 12299 — CEP 02098-970 — SP
Tel.: (0_ _11) 6959.1127 — Fax: (0_ _11) 6959.3090
http://www.madras.com.br

ÍNDICE

CAPÍTULO UM
A Visão 7

CAPÍTULO DOIS
Iloé 11

CAPÍTULO TRÊS
A Casa das Vidas Perdidas 31

CAPÍTULO QUATRO
Os Testes da Purificação 35

CAPÍTULO CINCO
O Sacrifício dos Ateus 39

CAPÍTULO SEIS
O Laboratório da Vida 45

CAPÍTULO SETE
De Volta ao Instituto 57

CAPÍTULO OITO
O Encontro com Yesu 69

CAPÍTULO NOVE
De Volta à Terra 87

CAPÍTULO DEZ
Um Planeta Luminoso 99

CAPÍTULO UM

A VISÃO

São duas horas da manhã e encontro-me sentado no meu banco predileto na varanda de minha casa, tendo pela frente uma visão extraordinária.

A lua imensa, clareando todo o vale que tenho diante de mim, faz-me identificar um por um os pontos principais deste lugar especial onde vivo.

Lá no alto, uma galáxia, pontilhada de estrelas, emoldura um firmamento repleto de surpresas. Um vento fresco sopra suavemente como brisa acariciante, fazendo-me sentir de bem com a vida.

É mais uma dessas noites maravilhosas que nos fazem entender a felicidade de ter nascido e poder gozar da plenitude desta bênção, que é presenciar este espetáculo magnífico que se reproduz dia após dia, mês após mês, ano após ano, há séculos.

De repente uma luz muito forte, vinda do leste, chama minha atenção. Penso, extasiado, estar tendo visões. Fecho e abro os olhos várias vezes pretendendo me certificar. Esta luz tem realmente alguma coisa estranha. Um brilho invulgar. Uma forma estranha de reluzir. Não, eu não estou tendo visões. Esta luz difusa e forte está se movendo. Tenho certeza de que não se trata de uma estrela cadente e sim de algum objeto luminoso surgido sem que nem para que.

Essa luz faz-me lembrar imensamente outra luz. Mas o que iria mudar agora? Ou será esta a luz que irá me mudar, transformando-me em outro ser, menos sonhador, mais prático, acreditando muito mais na verdade dos fatos do que nos meus sonhos mirabolantes.

Fatos que surgem para me mostrar que o mundo atual está se deteriorando cada vez mais, e precisando urgentemente de alguém que nos venha mostrar o caminho... Será?

Olho para o lado, desviando propositadamente a vista daquele ponto luminoso, a fim de certificar-me se aquela luz lá no alto está parada ou se possui algum movimento. Em seguida, volto novamente a vista até ela e percebo que realmente se move, deslocando-se com enorme velocidade e vindo em minha direção.

Sim. Esta luz está vindo em minha direção. Não é uma visão saída de meus devaneios. É uma realidade que, tenho certeza, irá modificar totalmente minha vida e tudo o mais que pertencer a meu futuro.

Um frio intenso congela-me as veias e sinto um frêmito percorrendo-me a espinha numa sensação difícil de descrever. Alguma coisa está acontecendo neste instante, que, tenho absoluta certeza, irá transformar meus sonhos, minhas ilusões, meus pensamentos e mudar totalmente minha vida. Quem sabe, venha para confirmar tudo o que pressinto e cujas dúvidas não me permitem enxergar.

Levanto-me e caminho na direção da porta de entrada da casa e entro, tentando fugir por instantes do que penso ser uma alucinação.

Dentro, a claridade da iluminação tonteia-me e por alguns momentos preciosos me confunde.

Dou alguns passos dentro da casa e me arrependo. Volto quase correndo ao lugar onde me encontrava antes. Sento-me e, vagarosamente, vou virando a cabeça conduzindo o olhar para onde antes avistara a luz.

Meu Deus, como ela está próxima. Ela está aqui. De repente, tudo em volta de mim ficou extraordinariamente claro. E daquela luz intensa sai um facho luminoso que vem se esticando até chegar bem perto de mim.

Não quero acreditar no que vejo; no entanto, estava ali, diante de mim, alguma coisa que parece ser uma vida de outro planeta.

Um ser estranhamente banhado em luz. Uma luz envolvente, acariciante. E tanto magnetismo irradia. Está aqui, diante de mim.

Começo a avançar na direção daquela luz como que transportado por seu magnetismo. Não entendia o que estava acontecendo e fui sendo transportado ao sabor daquela energia que me atraía na direção daquela claridade maior.

Um som irradiante, vindo do interior da nave, parecia que me dava as boas-vindas. Eram ondas sonoras que me faziam entender tudo, sem que nenhuma palavra fosse utilizada para este fim e cujo sentido pude captar imediatamente. E eu entendia tudo sem que nenhuma palavra fosse dita. Apenas sons. Sons que me faziam compreender tudo. Penetrei finalmente no centro daquela luz intensa e magnífica e senti-me transportado por ela, envolto por um calor estranhamente benéfico, que me dava a sensação reconfortante de estar entre amigos.

A forte claridade que me envolvia diminui sua intensidade e sinto-me impulsionado por uma força magnética que me projeta num salão imenso cor-de-rosa.

Ali, havia outros seres reluzentes suspensos no ar. Flutuavam suavemente traçando trajetórias circulares em volta de mim. Havia uma atmosfera de paz e serenidade. O som de suas vozes chegava a mim, não por meio de palavras, mas em forma de ondas sonoras que me faziam perceber uma harmonia até então desconhecida.

Eram sons que sutilmente falavam de amor envolvendo um tom de felicidade que só o amor pressupõe. Percebi que eram seres extremamente suaves.

Um pensamento tomou conta de meu cérebro e por meio dessas mesmas ondas sonoras fui transportado até eles. E todos entenderam que me sentia encantado de estar entre eles, de poder conhecê-los e que me achava preso de uma estranha curiosidade para saber de onde vinham e quem eram.

Nova onda de calor envolvente apossou-se de mim para darme a tranqüilidade definitiva de que me encontrava entre amigos. E tudo me foi sendo explicado.

Pediam desculpas por terem me trazido a bordo sem meu consentimento e por estarem me conduzindo para um mundo totalmente diverso do meu e muito distante. Um mundo, que, segundo me explicaram, sequer pertencia à minha galáxia.

Fiquei entusiasmado. Pensava estar vivendo um sonho louco e ao mesmo tempo muito real. Entenderam perfeitamente o que estava se passando comigo e me tranqüilizaram: eu não estava sonhando, nem o que estava acontecendo comigo era irreal.

Estava iniciando uma convivência com seres espaciais de um mundo inteiramente desconhecido.

Percebi de repente que também eu começava a flutuar, e me sentia muito bem e totalmente relaxado. Pude então olhar ao redor e ver as coisas que me cercavam. Havia umas dez ou doze daquelas criaturas. Sabe o que lembravam? Aquelas figuras de fantasmas que vemos nos desenhos animados, em que não se distinguem mãos ou pés e cujas extremidades terminam alongando-se.

Notei que todos estavam muito alegres e felizes por não terem tido nenhum problema comigo. E pareciam estar sempre sorrindo. Um sorriso franco e leal.

Qualquer pensamento que tivesse tinha uma imediata resposta a esclarecer-me as dúvidas. Era algo fantástico. Não havia necessidade de falar para que nos entendêssemos. Bastava apenas pensar. E isso era maravilhoso.

As surpresas se sucediam numa velocidade extraordinária. Tão extraordinária quanto a velocidade com que nos deslocávamos no espaço em busca dessa outra galáxia.

Um daqueles seres, que me parecia ser o comandante, aproximou-se de mim trazendo algo para que bebesse. Sorvi um trago. Delicioso. Nunca tomara nada semelhante, nem tão saboroso.

De repente, um som agudo colocou todos em alerta. Deveria ser um aviso de que algo de anormal estaria por acontecer. A aproximação perigosa de meteoros, talvez. O que sei é que todos voltaram imediatamente a seus postos e iniciaram manobra que exigia extrema concentração.

O problema levou algum tempo para ser resolvido. Uma vez controlado, todos retornaram à descontração anterior, para em seguida me explicar o que havia acontecido. Uma aproximação de meteoros, que se não tivesse sido habilmente contornada poderia ter nos afetado seriamente. Mas tudo agora estava sob controle.

Brevemente chegaríamos a ILOÉ, o planeta onde estes meus novos amigos viviam. ILOÉ, explicaram-me, era um pequeno mundo perdido nas dimensões de uma galáxia totalmente diferente da nossa. Nela, há uma permanente massa gasosa envolvendo-a inteiramente, tornando impossível enxergar a olho nu todos os seus mundos, como o fazemos aqui da Terra.

Adormeci.

CAPÍTULO DOIS

ILOÉ

Quando acordei, já não estava mais na nave. Encontrava-me num aposento imenso cuja riqueza e luxo espantaria aqueles que nunca tivessem vivido aventura semelhante. O lugar onde descansara não era uma cama como as que conhecemos. Formada por uma camada de vapor quase solidificado, amoldava-se ao corpo na posição em que você se colocasse, permitindo um sono realmente reparador. Despertei como se tivesse saído de uma terapia de relaxamento e como se meu corpo estivesse completamente renovado. Assim que abri os olhos, uma onda sonora invadiu o quarto para explicar-me onde encontraria o que fosse necessário para higienizar-me.

Uma hora depois estava pronto para avistar-me com o GRANDE LÍDER de ILOÉ. Iria conhecer a história deste novo mundo e tomar conhecimento de tudo que dissesse respeito a seu povo. Conhecer seus projetos e saber, principalmente, o porquê de me haverem convocado para esta reunião.

Não esperei muito. Vieram me buscar. Fui introduzido num salão imenso, onde o bom gosto e a sobriedade, combinados com a perfeição das cores, demonstravam o fantástico equilíbrio emocional daqueles seres.

O GRANDE LÍDER, como os demais, também flutuava no ar e tinha a dignidade das pessoas que comandam povos com sabedoria e poder. Nossas mentes entraram imediatamente em perfeita sintonia. Em seguida iniciou-se um diálogo que iria finalmente dar-me a conhecer a razão maior desse encontro inusitado, mas incrivelmente fascinante.

Sentei-me em uma bolha semelhante a um dos nossos sofás, que mudava de posição a cada instante em que me movia e que me transportava a qualquer lugar que desejasse.

Meu interlocutor pairava no ar serenamente, esperando ansioso que me acostumasse o mais rapidamente possível com tudo ao redor, para então iniciar o que seria uma conversa longa e altamente proveitosa para ambos.

Tenho certeza de que passarei a tomar conhecimento de alguma coisa que irá proporcionar — no meu retorno à Terra — a consciência de poder modificar os pensamentos das pessoas, para conduzi-las na direção da verdadeira e definitiva paz.

O GRANDE LÍDER olhou-me por alguns instantes como que a perscrutar os pensamentos que estariam passando por minha mente naquele instante, com a finalidade de intuir se já estaria pronto para que pudéssemos iniciar nossa conversa. Ao perceber que o momento chegara, começou a enviar-me ondas sonoras cheias de harmonia altamente positiva, ansioso de que estivesse preparado para assimilar tudo o que me seria dado conhecer.

Respirei fundo concentrando-me para declarar-lhe que já estava perfeitamente à vontade e cheio de entusiasmo para receber a mensagem que este ser cheio de sabedoria e poder estaria querendo me passar.

Vagarosamente e com pureza quase angelical, suas ondas sonoras começaram a falar-me da razão pela qual fui trazido a este mundo estranho, o porquê desta convocação e finalmente esclarecer-me o motivo de ter sido EU o escolhido para esta missão.

Sempre acreditei na força do pensamento, como algo capaz de romper todas as barreiras para nos transportar a qualquer parte do Universo ou de outras dimensões. Estava agora tendo a prova definitiva do acerto de minhas ponderações.

Aquele ser, leve e vigoroso, calmo e persuasivo, começava a passar-me, pela força de seu pensamento, toda a história maravilhosa que iria modificar, não só a minha, mas a vida de todas as pessoas que vivem no planeta TERRA!

E ouvi então o relato mais empolgante de quantos tive a oportunidade de escutar em toda a minha vida.

"Trouxemo-lo aqui, porque durante longos períodos estudamos sua vida por intermédio de nossos captadores de energia mental. Depois de termos avaliado muitos de seus conterrâneos, decidi-

mos pela vossa escolha em virtude da alta eficiência mental que constatamos possuir.

Mas foram as respostas, que obtivemos das consultas feitas ao vosso armazenamento de memória, que nos deram a resposta e a confirmação de tudo o que desejávamos saber de vosso caráter." De repente comecei a entender a razão e o porquê daqueles sonhos esquisitos que andava tendo ultimamente. Não eram sonhos. Eu estava sendo testado e checado no mais íntimo de meu subconsciente, submetido a uma investigação sobre todas as minhas formas de ser, pensar e agir. Sem saber, eu estava sendo preparado para submeter-me a uma viagem decisiva, que, como tive a oportunidade de dizer, iria solidificar, de maneira definitiva, todas as idéias que sempre tivera e nunca me atrevera a executar.

E o LÍDER prosseguiu: *"Todos os seus pensamentos foram analisados por nossos gênios da ciência e considerados perfeitos. Seus conceitos foram apreciados por nossos mais eminentes pensadores, suas atitudes foram investigadas por alguns de nossos maiores mestres em psicologia e reconhecidas como as atitudes de um ser ponderado, sensível e altamente cônscio de suas responsabilidades para com seus semelhantes. Por isso o trouxemos a ILOÉ".*

Lembrava-me agora, claramente, daquilo que me intrigara durante tanto tempo, razão da estranheza que me causavam aqueles sonhos que aparentemente não tinham nenhuma razão de ser. Nestes sonhos me via sempre viajando no espaço em busca de alguma coisa que nunca se desenhara muito preciso em meu subconsciente. Algo que me fazia supor e antever uma sensação de mistério, que me seria apresentada a qualquer instante e que jamais pude de alguma forma compreender.

Agora eu começava a entender claramente. Todas essas coisas que me aconteceram eram fruto dessas pesquisas que estavam sendo efetuadas no mais íntimo do meu ser, para descobrir e tirar as informações necessárias àquele "dossier" que me estava sendo revelado.

Novas ondas sonoras chegaram até minha mente, fazendo um pedido de perdão por esta invasão feita a meus sentimentos, emoções e devaneios. Tudo isso me produzia uma sensação estranha de que alguma coisa muito importante e significativa estava para ser revelada.

Não errei! As ondas sonoras continuavam me atingindo e desta feita com mais alento e mais segurança, porque descobriram quão acertada havia sido a escolha, ao me conduzirem àquela galáxia desconhecida e jamais imaginada por mim ou por qualquer outro ser que vivesse em meu mundo.

A partir de então, preparei-me para escutar tudo o que seria revelado com a intenção de confirmar o que tanto imaginara e que jamais ousara pensar fosse possível acontecer.

E o GRANDE LÍDER voltou a falar: *"Meu nome é AVOEJ. Significa o possuidor do espírito divino. Foi-me dado por meu predecessor. O ser que me projetou em seu pensamento com o ideal de realizar o milagre maravilhoso da concepção. Tudo de acordo com os preceitos e normas de nosso povo, e completamente diferente do que acontece no seu".*

Será que havia entendido bem? Pensei. Este ser a que ele se referia, seria seu pai?

"Perfeitamente", foi a resposta que obtive por meio de uma onda cálida e emocionada. E ele continuou: *"Somos frutos das fusões de pensamentos de duas células que se unem para conceber outro ser. Diferente. Bem diferente do que acontece no seu mundo, onde duas pessoas precisam se unir através de seus corpos para fecundar, e que na maioria das vezes não unem seus sentimentos para realizar esta concepção".*

E pensei comigo: "É por isso que temos tantas crianças rejeitadas em nosso mundo infeliz".

Que lição maravilhosa começava a aprender com aquela criatura generosa, pura e altruísta.

E o LÍDER continuou: *"Estudamos muito seu planeta. O modus vivendi de seu povo, os costumes, para que pudéssemos entender e escolher aquele que melhor captasse nossos ideais e então compreendesse a razão pela qual fomos obrigados a fazer esta convocação".*

Não posso me permitir perder um só dos ensinamentos que emanam deste ser privilegiado, que, tenho certeza, pretende revelar-me algo que por hipótese alguma devo perder. Disposto a escutá-lo com serenidade, afundei-me naquela bolha relaxante, à guisa de poltrona, para desfrutar todas as mensagens que ele desejasse me transmitir.

"Vou contar-lhe a história de meu povo, de meu mundo, e que poderia perfeitamente também ser a história de seu mundo. De acor-

do com nossas escrituras sagradas, no princípio existia o caos, a desordem. A gente não se entendia. Todos queriam MANDAR. Poucos queriam OBEDECER. Até que um dia a ENERGIA SUPREMA, essa mesma energia que controla todos os sistemas intergalácticos, resolveu cuidar de nosso problema. E enviou-nos um ser maravilhoso para ordenar nossa existência, preparar nosso futuro e dar-nos um objetivo maior para viver."

Uma melodia suave e terna tomou conta da imensa sala onde nos encontrávamos, anunciando a entrada naqueles aposentos de um ser de suaves movimentos, deixando-me entender em seguida que estávamos diante de uma figura feminina.

Devo dizer, a bem da verdade, que até o momento não havia entendido bem o significado deste lugar onde me encontrava. Tudo vinha acontecendo tão rapidamente, que me deixei levar pelos acontecimentos e fatos que me têm sido apresentados, não tendo a menor idéia de procurar saber realmente que lugar é este, onde me encontro. Em que ponto do Universo estou. Mas, creio, por mera intuição, que essa presença feminina vai me trazer dados importantes.

Fazendo uma reverência extremamente graciosa diante do GRANDE LÍDER de ILOÉ, dirigiu-se a mim enviando um sopro, repleto de uma fragrância tão delicada e envolvente, que me fez entender imediatamente estar sendo bem-vindo a este planeta.

Seus pensamentos vieram até meu subconsciente de forma tão clara que os captei em seguida, pois eles falavam exatamente do que me estava preocupando até bem pouco.

Percebi que se tratava da esposa de meu anfitrião AVOEJ, que, escusando-se por sua indelicadeza, deu-me a conhecer o que eles chamavam de ASPOSE e que significava o lado maternal, a célula máter, razão maior da sabedoria suprema de poder conceber tão-somente através dos sentimentos.

Aquela criatura flutuava com tal delicadeza que me pareceu iria volatilizar-se a qualquer instante. Olhou-me com olhos tão ternos e com tão profundo olhar que um rubor tomou conta de minhas faces.

Seu pensamento transmitiu-me a certeza de que sentia um prazer enorme em compartilhar com seu DORIMAM (nome dado ao companheiro macho que representa o marido) minha presença. Dirigindo-se a mim expressou um pensamento que captei em seguida, e que me informava que seu idolatrado companheiro, preocupado com sua missão, não tivera tempo de perceber o que deveria estar acontecendo comigo. E completou o pensamento, fazendo-me entender que queria e iria me ajudar a compreendê-los melhor, pois a intuição feminina é sempre superior no trato com os sentimentos das pessoas.

AVOEJ, num gesto de submissão, muito mais por respeito que por imposição, fez-me captar o que sua esposa tentara me explicar. Uma vez mais pediu-me perdão por não ter tido o cuidado de preparar-me para conhecê-los melhor. E a minha gentil anfitriã mandou-me outro pensamento que esclarecia o nome pelo qual era conhecida: RAMSÍ, a célula de AVOEJ.

"Por isso mesmo estou sempre ligada a todos os seus pensamentos, emoções e sentimentos. Eles são fruto daquilo que MABRAH nos legou, e que seu filho etéreo, nascido de um pensamento maior, simboliza para nós: a mais sublime das palavras existentes em nosso idioma: AMOR."

De repente comecei a perceber quantas coisas realmente estavam me unindo àqueles seres, transformando-nos em quase irmãos. Uma palavra, porém, de tudo aquilo que me havia dito, chamou fortemente minha atenção: "MABRAH"? — O que significaria?

Bastou apenas que tal pensamento passasse por minha cabeça para que em seguida a explicação chegasse. Por alguns instantes havia esquecido que para entender-me com estes seres bastava apenas pensar. Foi o suficiente para que em seguida AVOEJ me explicasse:

"Há muitos séculos, nossa gente tomou conhecimento de MABRAH. Sua existência porém, para nós, foi sempre um mistério. Nossos antepassados mais remotos não acreditavam em nada. Até que um dia MABRAH deu-lhes uma prova poderosa de sua existência, fazendo com que a vida de nosso planeta mudasse completamente. Devo explicar-lhe que MABRAH é essa energia cósmica suprema que governa todos os universos.

Os nossos, os vossos, enfim, os de todas as galáxias. Vocês o chamam de DEUS, nós o chamamos de MABRAH. Ele é o senhor de nossas vontades, de nossos anseios. 'ELE' mudou o ritmo de nossas vidas, dando-nos a paz de espírito de que tanto precisávamos. Ordenou nossas existências e nos proveu de todos os conhecimentos, a fim de que pudéssemos criar um planeta para que nossos filhos e os filhos de nossos filhos vivessem da mesma forma que nossos ancestrais."

Tomou uma respiração profunda, exalando uma felicidade incomum nas pessoas que conhecera no meu mundo. Estes seres tinham realmente um segredo e queriam compartilhá-lo conosco. Voltando os olhos cheios de ternura para sua companheira, passou-lhe o direito de continuar o que ele interrompera.

RAMSÍ fez um meneio gracioso de cabeça e em seguida seus pensamentos saíram como um torvelinho na ânsia de querer contar-me tudo de uma só vez.

AVOEJ riu-se divertido com as coisas que sua mulher tentava me passar. Apoiando com leveza seu braço sobre sua cabeça, insinuou-lhe que tentasse ordenar seus pensamentos para poder transmiti-los com mais serenidade, pois caso contrário eu não entenderia nada.

"Mas são tantas as coisas que ele precisa saber a nosso respeito e a respeito da missão que lhe está reservada por MABRAH, que..." e interrompeu rapidamente o pensamento.

Aquela nova referência à MISSÃO produziu em mim efeito tranqüilizador, pois pressentia que alguma coisa muito especial estava realmente reservada para mim naquele distante planeta. Um mundo único que iria revelar-me, com certeza, conhecimentos e deveres que jamais poderia imaginar fossem possíveis de ser assimilados por mim ou por qualquer outro ser oriundo do meu planeta.

AVOEJ pediu-me paciência. RAMSÍ ergueu-se e flutuando suavemente dirigiu-se a uma passagem que deveria se comunicar com outro aposento.

Senti-me impelido, pela força de seu pensamento, a segui-la. AVOEJ acompanhou-nos até onde estariam outras três pessoas dispostas ao redor de uma placa luminosa, que, como tudo indicava, seria uma mesa. Sobre ela havia algumas taças transparentes, que continham o que deveria ser uma espécie de alimento ou algo semelhante.

Os dois colocaram-se um diante do outro e eu fui posto maciamente numa daquelas bolhas que lembravam poltronas e que se amoldavam ao corpo na posição que nela me colocasse.

AVOEJ então explicou-me: *"RAMSÍ acha que você deve estar necessitando de alimento e por isso preparou-nos uma surpresa"*. E foi ela mesma quem se encarregou de explicar: *"Aqui em nosso planeta extraímos da terra, do ar e dos oceanos os alimentos de que* necessitamos. Aqueles que realmente alimentem sem qualquer tipo de artificialismo. Tudo o que ireis provar vem de nossas propriedades comunitárias e nos oferecem as mais exóticas variedades que nossa culinária permite. O que ireis experimentar agora são flores que crescem em nossos 'SNIDRAJS', algo parecido com os jardins de seu planeta. Teremos, então, pétalas de 'SÁSOR', talos de 'VROSCAS' e raízes de 'MÍPIA'. Você pode comê-las sem susto... São deliciosas".

Uma sonoridade harmoniosa, vindo como que de uma grande orquestra celestial e invisível, invadia o aposento irradiando paz e serenidade. Olhei em torno e vi que na fisionomia de todos aqueles seres que estavam ali à nossa volta estampava-se a felicidade

Eu não tinha a menor idéia de como iria me servir daquelas coisas, pois sobre a mesa não havia nada que lembrasse nossos talheres. AVOEJ veio em meu socorro.

"Você já deve ter reparado que sobre a mesa não temos qualquer tipo de instrumento para nos servir. É que não necessitamos. Para comer qualquer coisa, basta apenas que escolhamos com muita calma o que desejamos e ordenar a nosso pensamento que as coisas venham até nós e elas virão."

RAMSÍ pediu-me que prestasse muita atenção ao que aconteceria em seguida e que não estranhasse. Era um costume que vinha desde seus antepassados e que persistia nos dias atuais. AVOEJ pediu-me então que fechasse os olhos. Fechei-os. A música que enchia o ambiente transmudou-se numa melodia extremamente bela e suave, enquanto um pensamento muito forte emitia com voz forte e grave algo que soava como uma prece maravilhosa que dizia assim: "O MESTRE DOS MESTRES esmerou-se na sua criação para darnos os frutos de seu pomar cósmico, pleno de alimentos puros que enlevam nossos espíritos, numa operação da inteligência interior que transforma o que iremos ingerir em energia mental. Essa energia nos dará forças para servir nossos semelhantes, alimentando os milhares de seres que se encontram ainda em seus estágios orbitais, através deste poder mental que possuímos e com pleno uso de nossa razão.

Neste instante, pedimos a todos que se encontram em torno desta placa luminosa que façam uma transferência de luz, levando o que sobrar destes alimentos para aqueles que mais necessitarem. Façamos isso com amor, para que essa transferência seja realizada

com todos os benefícios inerentes à força deste amor. O verdadeiro amor que nos foi legado por MABRAH, o Todo-poderoso, quando enviou-nos seu filho magnífico para revelar os segredos de seu reino. Que MABRAH nos abençoe a todos."
Lembrei-me então das tantas vezes que tivera vontade de agradecer pela comida que tínhamos à nossa mesa e que nunca o fizera.
Neste instante pude perceber quanta espiritualidade existia naqueles seres, que os capacitava a poder transferir sua felicidade a todas as criaturas que não pudessem participar de suas venturas. Uma emoção muito forte fez-me sentir intensamente fortalecido. Agora, mais que nunca, estava disposto a conhecer tudo o que dissesse respeito àqueles seres. RAMSÍ carinhosamente me deu a resposta.
"Você conhecerá tudo. Viverá conosco o tempo suficiente para compreender e posteriormente transmitir aos seus todas as verdades absolutas ditadas por nosso pai maior MABRAH, através das obras de seu filho YESU, o CRISTO SALVADOR."
Não tive tempo de refletir sobre o que acabara de ouvir, porque meu anfitrião, erguendo-se do lugar onde se encontrava, foi até uma espécie de cristaleira, toda feita num material semelhante ao nosso acrílico, para de lá retirar uma jarra com líquido vermelho, que tanto poderia ser vinho, refresco ou algum suco. RAMSÍ tirou-me a dúvida. Aquilo era suco de "DRUPA", fruta muito comum no planeta e que possuía um caldo de extraordinário valor alimentício.
Uma daquelas criaturas voláteis, que voltejavam em torno da mesa, trouxe-me uma espécie de copo comprido de formato ovalado que colocou diante de mim. AVOEJ encheu o copo e sugeriu-me que experimentasse, explicando-me que, além do valor nutritivo, aquele suco possuía elementos que me proveriam de novas forças para enfrentar aquele dia que seria cheio de surpresas e de muito trabalho.
Ao primeiro sorvo, degustei a doçura daquela fruta e nos tragos subseqüentes notei uma sensação de renovação em todas as minhas células e isso me deu um alento embriagador. Ao terminar, tive a sensação de que poderia, se quisesse, pegar um touro de dez toneladas e levantá-lo com a maior facilidade.
RAMSÍ sorriu ao dar-se conta da mudança radical que havia se processado em mim. Em seguida, sugeriu que fôssemos imediatamente conhecer o lugar mais importante de ILOÉ, sua cidade santuário chamada MELASUREJ.
AVOEJ não poderia ir conosco. Tinha uma reunião importante com seu LEGISTÉRIO (os seres que redigem suas leis) e por isso

não poderia acompanhar-nos. Pediu-me um milhão de desculpas e deixou-nos partir com um cumprimento todo especial, retirando-se em seguida.
RAMSÍ sugeriu que fôssemos em seguida. Tentei levantar-me, mas percebi que isso não seria necessário, pois a bolha onde me encontrava sentado ergueu-se no ar e seguindo-a, num vôo à baixa altura, carregou-me consigo.
E fomos transportados por um impulso magnético que durou uma fração de segundos para levar-nos até o local sagrado. A bolha pousou sobre uma relva escura, muito semelhante à nossa grama, de cor acinzentada.
Em seguida pus-me de pé ao lado de RAMSÍ que como sempre flutuava graciosamente. Olhando para o alto, notei que toda a cidade era protegida por uma capa feita daquele material que lembrava o nosso acrílico.
RAMSÍ, percebendo que ficara intrigado, explicou-me: *"Todas as nossas estruturas de proteção, assim como nossos objetos de uso, são confeccionados com um material específico encontrado em nossas zonas de mananciais. Lá, nas fontes de riqueza, são produzidas as coisas de maior valor que possuímos. Ali, nas manufatureiras de transmutação, são executados todos os tipos de modelagem necessários para que possamos confeccionar o que quiser com este material de alta plasticidade. Duros, como a capa que nos protege contra as radiações térmicas externas, e maleáveis, como a bolha na qual você esteve sentado até há pouco".*
Enviei-lhe um pensamento terno de agradecimento por tais explicações e passei a olhar em torno do local onde nos encontrávamos.
A riqueza daquilo que deveria ser o altar empolgou-me. Extasiado, adorei aquela obra de verdadeiros arquitetos do sonho, que revelavam, além de um bom gosto excepcional, uma técnica soberba de construção, idealizada por um gênio da criatividade.
RAMSÍ deu-me a explicação imediata. Aquela obra gigantesca fora realizada, por ordem de MABRAH, pelo mais importante dos líderes do planeta que viveu no ano dois mil e vinte da era primária.
"A era primária processaria a grande transformação que sofreria todo o nosso sistema. LUSAH foi o grande responsável. Um verdadeiro líder. Cheio de sabedoria e religiosidade, consolidou a paz e transformou nosso planeta, realizando as obras que o consa-

grariam como o nosso maior guia e o grande arquiteto do nosso plano espiritual", completou RAMSÍ.
E terminando sua explicação, informou: "No topo deste altar, como você vê, aquela estrela imensa de grande luminosidade, com a esteira semelhante à de um cometa, simboliza o grande poder deste líder extraordinário".
Em seguida fomos levados por um daqueles impulsos magnéticos a outro local totalmente diverso. Chegamos num piscar de olhos. Vi-me diante de uma construção que lembrava nossas pirâmides, onde havia uma inscrição que me foi traduzida por RAMSÍ e que queria dizer "INSTITUTO DE HIEROGRAFIA".
Ali estava armazenada toda a história das coisas sagradas daquele povo. Entramos numa galeria que desembocava num salão que possuía uma abóbada gigantesca. Em seu interior, havia uma tela imensa onde provavelmente seria projetada, num processo semelhante ao da nossa terceira dimensão, sem a necessidade dos óculos tridimensionais, toda a seqüência histórica daquele povo. Uma nova onda sonora, trazendo uma música metálica esplendorosa, fez com que as poderosas forças do pensamento passassem a irradiar o texto que contaria a história de ILOÉ.
"Há milhões de anos, houve uma explosão monstruosa na galáxia de HIDRÔA, que deu vida a centena de milhares de estrelas, luas e planetas do nosso atual sistema. ILOÉ representava um dos vinte e cinco mundos então surgidos. Sendo um planeta de porte médio, com aproximadamente dez bilhões de quilômetros de circunferência, possuía atmosfera gasosa.
Durante milhões de anos nosso planeta passou por um processo de resfriamento, enfrentando a era glacial, suportando temperaturas baixíssimas.
Com o surgimento de uma fonte de energia solar, vinda da estrela mais potente de nossa galáxia, à qual deu-se o nome de ANDRÔMEDA, ILOÉ passou do período glacial ao período fértil, quando começaram a surgir os tipos de vida hoje conhecidos. No ano UM da nossa era fértil, apareceram as primeiras formas andrógino-celulares, que geraram espíritos altamente iluminados. Estes espíritos se transformariam, posteriormente, no biotipo de vida que surgiria em função da união de dois pensamentos altamente positivos. No ano DOZE, a explosão de um meteoro de enormes proporções provocou forte atrito num campo de metais ordinários,

que ensejou a formação da PEDRA FILOSOFAL. Mais tarde essa pedra seria transportada, por exploradores espaciais de outros planetas, até o planeta TERRA da galáxia solar. Ao entrar, porém, na atmosfera terrestre, sofreu um estranho abalo térmico de natureza nuclear, que destroçando a nave que a conduzia fê-la cair sobre um terreno pedregoso em algum lugar daquele planeta."

De repente lembrei-me que em algum lugar da ÍNDIA, num castelo com mais de três mil e quinhentos anos, existia uma pedra incomum, cujo teor de constituição até hoje não se chegara a descobrir. Não seria a tal PEDRA FILOSOFAL da qual falam os textos ILOÉS?

Minha lembrança deste fato foi tão rápida que não cheguei a perder uma só palavra da história que me estava sendo revelada no INSTITUTO DE HIEROGRAFIA em ILOÉ.

"Com o desaparecimento da PEDRA FILOSOFAL — continuava a narrativa — *surgiram em nosso planeta os ALQUIMISTAS, que foram as primeiras formas AUTOGERADORAS de vida, formadas pelos pensamentos que buscavam a transmutação. Das zonas alagadiças, sairiam os HURONAIANOS, outra forma de vida que viria com pensamentos de conquista.*

A seguir surgiram os COMPITAIS que se originariam dos fagulhamentos incandescentes que existiam no planalto fosforescente. Estes buscavam se bastar com pensamentos pagãos. Os GALIMÁTIAS nasceriam nas planícies que ficavam às costas do MAR DE BRONZE, pescadores famosos, forjados nos ideais daqueles que buscavam o entendimento.

Finalmente os LEMURAIS ou LEMURIANOS, que viviam em grutas, e se assemelhavam a almas de outro mundo, espectros. Hoje, em razão da fusão de todos esses povos, ficou essa transparência que caracteriza os seres que habitam nosso planeta.

Os LEMURAIS, por meio de pensamentos plenos de amor, buscaram sempre a fraternidade. Foram eles que tomaram a si a tarefa hercúlea de unificar todos os outros povos, que por terem vivido sempre isolados tornavam-se estranhos e arredios, não querendo mesmo, no início, qualquer tipo de união.

Foi preciso muita luta e perseverança para que finalmente se conseguisse a união de todos os povos.

Um dia, HURON, cabeça pensante e mandatário dos HURONAIANOS, resolveu fazer com seus exércitos uma tentativa de domínio sobre os povos que habitavam as campinas alagadiças.

Os COMPITAIS possuíam uma arma fabulosa, que lhes provera o próprio local onde habitavam, a fosforescência, que era tão forte e tão atraente que confundia quem não conhecesse os caminhos que levavam às fronteiras de seus domínios.

DINEGARÓFALO, um comptoniano de muita inteligência e que vivia instruindo seus compatriotas e discípulos no campo pagão, possuía alguns truques capazes de segurar os avanços de seus inimigos. Saindo de suas campinas alagadiças, os seguidores de HURON tentaram em vão penetrar nos territórios compitais sem qualquer sucesso. E foram as suas MÔNADAS que tomaram a iniciativa de dar uma solução ao problema."

Minha mente ficara impressionada com essa palavra estranha que fora jogada assim de repente naquele texto descritivo. As poderosas forças do pensamento que irradiavam a história interromperam a transmissão para que RAMSÍ pudesse me explicar seu significado. E ela informou: "MÔNADAS são o lado feminino de nosso povo. Eu sou uma mônada, que é justamente o oposto de dorimam."

Sua rápida explicação fez com que prontamente entendesse o significado daquele termo novo para mim. Mônada era a mulher.

Fui então surpreendido por um pensamento ultra-rápido que me levou a recordar a teoria de LEIBNIZ, que dizia que mônada era uma substância incorruptível que se agregando a outras formava todos os seres. Isso se aplicava justamente ao caso em tela, no qual aqueles seres, apenas com o ato de agregar pensamentos, criavam, naquele mundo distante, outros seres.

Esta interrupção sem querer estava sendo providencial. O suco de DRUPA, que tomara antes de vir para cá, estava começando a fazer efeito e eu tinha que encontrar urgentemente um banheiro para cumprir uma das mais importantes exigências fisiológicas do ser humano.

RAMSÍ imediatamente captou minha aflição um tanto envergonhada e constrangida, não pela situação em si, mas por não se ter dado conta de que nós terráqueos temos esses problemas de ordem física. Imediatamente a bolha aproximou-se de mim, comandada por seu pensamento, e colocando-se por trás forçou-me a sentar, para em seguida transportar-me a um lugar que em muito se parecia com nossos banheiros primitivos. Lembrava aquelas fossas que encontramos ainda em alguns banheiros de estrada quando viajamos para o interior.

Preparei-me para eliminar o problema, quando para surpresa minha, de dentro da fossa saiu um iniódimo (Iniódimo é um monstro composto de dois indivíduos ligados pela nuca), totalmente transparente, aliás como os demais seres deste mundo, e ficou flutuando vagarosamente diante de mim. Intrigado com esta aparição, fiquei admirando o requebrado nervoso daquela coisa balançando-se no ar, como a querer dizer-me algo. Fiquei esperando um reflexo qualquer que indicasse o que estaria desejando de mim.

Meu pensamento, no entanto, não conseguia sintonizar nada de anormal.

Nenhuma transmissão especial. Nada. De repente surge outro. E mais outro. Seis ao todo. Ficaram ali na minha frente balançando-se no ar, como se fizessem parte de um *balé* simétrico, estranhamente rítmico, parecendo querer transmitir algo que eu ainda não tinha conseguido captar.

Um deles adiantou-se e, fitando-me duramente nos olhos, finalmente emitiu um pensamento. Parecia estar querendo me avisar de alguma coisa que deveria acontecer comigo mais tarde.

Pude captar então no zumbido estranho que se fez em meus ouvidos uma afirmação, como: *"Logo nos encontraremos"*. E desapareceram.

Tão aturdido fiquei que quase esqueço o motivo que me tinha levado até aquele lugar.

Liberado do incômodo, sai imediatamente dali e, já fora, esperei que a bolha novamente se aproximasse para levar-me de volta, matutando o significado desta aparição. Quem seriam aqueles seres, e o que desejariam de mim? A chegada da bolha cortou meus pensamentos.

Colocando-se por trás e forçando-me sentar, transportou-me de volta ao instituto, onde RAMSÍ, preocupada, perguntou-me o que tinha acontecido.

Contei-lhe tudo. Em seguida ela esclareceu-me sobre aqueles seres: *"São os HUMANÓIDES. Não deveria tê-lo deixado ir sozinho. E pelo visto eles pretendem entrar em contato com você. Precisamos dobrar a vigilância"*. Voltei a indagar-lhe quem eram. RAMSÍ elucidou-me: *"São os únicos seres que ainda não conseguimos apaziguar trazendo-os para nosso convívio. Mandarei reforçar sua segurança. Mais tarde lhe falarei a respeito deles, quando voltarmos*

ao palácio. Sabemos apenas que seu líder chama-se HUMORAL, e segundo consta é um ser muito especial".
E nada mais me disse. Respeitei seu silêncio e dispus-me a continuar assistindo à história de seu mundo. A uma ordem de RAMSÍ, as ondas sonoras voltaram a trazer a música metálica esplendorosa, para que o relato se processasse pelas poderosas forças do pensamento. E a história continuou:
"As MÔNADAS COMPITAIS saíram ao encontro dos HURONAIANOS aplicando-lhes todos os truques de sedução pagãs de que eram capazes, dominando suas vontades e não permitindo que avançassem pelos caminhos do planalto fosforescente. Endemoniados pelas orgias pagãs entregavam-se aos HUMOS COMPITAIS."
Outra vez interrompe-se a narrativa para que RAMSÍ me explicasse que a palavra HUMOS tem para eles o mesmo significado que tem para nós a palavra HOMENS. Eram os elementos masculinos de ILOÉ. E a narrativa voltou a fluir.
"Quando se pensou que a batalha estaria ganha e que tudo voltaria à normalidade, os LEMURAIS uniram-se aos GALIMÁTIAS e vieram intervir nas questões que diziam respeito apenas aos povos COMPITAIS e HURONAIANOS. Quando a confusão estava por se tornar maior entre todos os povos de Iloé a ponto de que se desentendessem definitivamente, surgiu, a mando do senhor das energias MABRAH, a figura marcante de YESU, o CRISTO SALVADOR."
RAMSÍ novamente faz interromper a narrativa. Um pensamento mais forte sugere nossa volta ao Palácio. Ali AVOEJ nos esperava ansioso, para nos pôr a par das últimas decisões dos membros do LEGISTÉRIO com respeito à minha missão em ILOÉ.
Foi uma pena, porque justo naquele instante eu iria tomar conhecimento da figura mais importante da história deste povo. Mas, de certa forma, esta interrupção iria me propiciar, também, conhecer finalmente os reais motivos que fizeram este povo trazer-me até aqui. No minuto seguinte, estávamos diante das inteligências superiores daqueles seres, que decidiram finalmente colocar-me a par dos acontecimentos que corresponderiam à razão maior de minha presença em ILOÉ.
AVOEJ recebeu-me entusiasticamente e apresentou-me em seguida a um por um dos LEGISLÁTUS. Parecia que todos haviam aprovado a escolha que faria de mim um privilegiado.

O mais idoso dos LEGISLÁTUS olhou-me curiosamente tentando ler meu pensamento para certificar-se até que ponto estaria preparado para ouvir e entender o que eles tinham para me revelar.

Meu cérebro naquele instante parecia estar adormecido ou mesmo paralisado, diante da perspectiva de poder descobrir se o que iria acontecer comigo depois desta revelação afetaria meu modo de proceder daqui para a frente.

Todos aguardavam ansiosos o pronunciamento do grande líder dos LEGISLADORES, como se a continuação da vida naquele mundo e no meu dependesse única e exclusivamente das palavras que fluiriam daquele ser que me olhava como se eu fosse o grande salvador. Serenamente aproximou-se ainda mais de mim balançando suavemente seu corpo volátil. Tocou-me com a ponta de seus braços alongados, como que a prometer-me que deste momento em diante eu passaria a representar o elo de ligação entre dois tipos de vida totalmente estranhos, em dois mundos totalmente antagônicos.

Este momento importantíssimo colocava-me no limiar de uma permuta de conhecimentos que me transformaria num ser abençoado para meu mundo, e o portador da gratidão de um povo que me consideraria como o grande mensageiro da paz intergaláctica.

Uma brisa suave e terna encheu-me de tranqüilidade, no mesmo instante em que sua mensagem chegava para revitalizar meus sentidos e preparar meu subconsciente para a grande revelação. Minha mente tornou-se então muito receptiva. As ondas sonoras começaram a invadir meu cérebro preparando-me para a grande missão. E o líder falou: *"A gente de seu mundo sempre buscou compreender o significado dos estranhos discos voadores, sua procedência e as razões que os estariam levando a procurar uma aproximação, um entendimento! — O GRANDE CRIADOR escolheu nosso mundo para ser o elo de ligação entre todos os seres intergalácticos, e colocou-nos a par das múltiplas formas do procedimento inadequado de seus irmãos terrestres.*

Não nos interessava tentar uma invasão ou até mesmo tomar posse da TERRA em colaboração com os mundos mais próximos, pois estaríamos fazendo exatamente o que sempre condenamos. Somos um povo pacífico.

Representamos uma era avançada que busca, pela troca de conhecimentos, aquilo que permita a todas as humanidades em todos os superuniversos alternar suas facilidades para estabilizar o bem comum.

Nosso planeta passou por um momento semelhante ao que atinge o vosso mundo agora, numa época muito remota. As grandes guerras, as grandes tragédias, os grandes crimes; seres cheios de ódios e pensamentos maldosos buscavam o extermínio como forma de satisfação pessoal.
Tudo isso era fruto da ignorância do poder mental capaz de suprir todas as nossas necessidades sem ter que violar os direitos dos demais. Sentimos então ser indispensável encontrar alguém que tivesse o entendimento das grandes verdades. Alguém que tivesse a capacidade de enxergar além dos horizontes comuns. Alguém que representasse um poder de comunicação capaz de promover entre os desalinhados dessa rota mágica que representa a conjuntura do saber maior, do pensar melhor, para fazê-los mudar, passando a enxergar-se não como inimigos, mas como pastores da grande realização do amor universal.
É exatamente isso que precisa acontecer hoje no seu mundo, para que todos aqueles que sempre fingiram ignorar-nos, apregoando aos quatro ventos que NAVES ESPACIAIS eram uma ficção, uma burla, uma mentira. Mas eram exatamente estes que sabiam melhor que todos de nossa existência, pois foi com alguns deles que primeiro tentamos nos comunicar. Tal tentativa, entretanto, frustrou-se. A ignorância não lhes permitia enxergar o que realmente pretendíamos: a realização do bem comum. Por isso deixamos o tempo passar. Assistimos aturdidos e entristecidos ao ensandecimento da sua humanidade. Depois, por meio de uma meditação permanente, tentamos entrar em contato com mentes mais evoluídas, para buscar o diálogo que se fazia imprescindível.
Felizmente descobrimos você. E há de ser você aquele que poderá reformular todos os conceitos hoje existentes em sua podre humanidade.
Temos certeza disso. Por isso o escolhemos. Amanhã você irá ter um encontro com nosso mestre maior, YESU, a quem pedimos que viesse diretamente de seu retiro na ILHA ENCANTADA DO PARAÍSO para conversar com você."
Eu ouvia aquilo tudo e quase não conseguia acreditar. Então eu, um pobre mortal, um simples homem de comunicação em meu mundo, iria ter o privilégio de me tornar o mensageiro da paz universal. E iria conversar com o grande líder espiritual daquele povo que, naturalmente, teria muita coisa a me ensinar.

O grande LEGISLADOR calou-se por alguns instantes. Todos os outros que estavam presos ao que ele falava permaneceram na expectativa. Olhando com enorme suavidade todos os seus pares, voltou-se para mim dizendo: "*Por hoje fomos longe demais... Amanhã continuaremos*".

Senti uma onda terna de aprovação às palavras daquele ser cheio de sabedoria por parte de todos os que se encontravam no legistério. Meu coração batia descompassadamente e AVOEJ percebeu. Pediu permissão ao GRANDE LEGISLADOR para me conduzir a um local onde pudesse descansar. Um local suavemente iluminado onde pudesse me recuperar de todas as emoções pelas quais passara em tão poucos momentos. Agradecido sentei-me e relaxei. RAMSÍ, sempre amável e carinhosa, fez-se presente, numa silenciosa demonstração de solidariedade e compreensão.

Sentia-me feliz entre aquela gente. AVOEJ, percebendo meu cansaço, fez um sinal à sua esposa, e os dois deixaram o local para que eu pudesse me recompor o mais rapidamente possível.

Tive a impressão que a luz se fez mais suave e adormeci. Mas foi apenas por instantes. Uma impressão de insegurança tomou conta de meus sentidos.

E de novo se apresentaram diante de mim aqueles seres estranhos que eu conhecera próximo ao Instituto de Hierografia: os INIÓDIMOS.

Desta feita eram muitos. Fizeram um cerco à minha volta e prepararam-se para revelar-me algo. Fiquei atento a tudo que me pudesse acontecer a partir de então. Um *balé* nervoso era executado por todos, balançando seus corpos diáfanos numa cadência estranhamente compassada, como a me indicar que alguma coisa terrível estaria por acontecer.

Um deles, que parecia ser o líder, veio até mais próximo e fez-me perceber, pelas ondas de pensamentos que emanavam de sua mente, que iriam me levar a um lugar especial. Eles eram os HUMANÓIDES, de quem RAMSÍ tanto me falara.

De repente, uma força maior arrebatou-me, e fui transportado por ela a um lugar criado para ativar os TESTES DE PURIFICAÇÃO.

Ao chegarmos lá, fui informado de que neste local testava-se a pureza das almas, para que estas, posteriormente, fossem distribuídas limpas e puras aos mais distantes universos e galáxias.

Os HUMANÓIDES colocaram-me, pois, nas mãos dos demônios ardilosos que iriam me fazer passar por estes tais testes. Por meio deles conheceria o sofrimento e a dor. Os demônios cercaram-me ameaçadores. E o líder me informou que teria de passar por A CASA DAS VIDAS PERDIDAS.

— Mas eu não sou ateu, respondi com um pensamento de revolta. Ao que o líder retrucou: *"Mas seu pai era um ateu. E um blasfemo. Se quiser ajudá-lo em suas vidas futuras, terá que se sujeitar ao sacrifício. E enfrentar os demônios das dores passando pelos caminhos que o levarão à casa das vidas perdidas. Irá conhecer os seres que não chegaram a viver e os que foram jogados fora antes de ter nascido. Irá padecer dos mesmos sofrimentos que eles padecem, e conviverá com eles. Se conseguir vencer os obstáculos que terá de enfrentar, além de poder ser considerado um HOMEM, terá dado um grande passo para ter em mãos a SUBLIME EXPERIÊNCIA. Será ela que o iluminará para que possa transmitir a seu povo esta luz maravilhosa, na terra distante onde você habita. Poderá então descobrir os meios, os conceitos, as diretrizes, com que haverá de encaminhar sua geração para o bem. Os povos de seu mundo estão no estágio da GRANDE VIOLÊNCIA. Se cumprir os sacrifícios que lhe serão impostos, poderá salvá-los ou destruí-los para sempre. Mas não terá escolha. Será tudo ou nada. Em nome de seu MUNDO. Em nome de seu PAI".*

"Muito bem. Eu topo", foi o que me escapou da mente sem que por um instante sequer tivesse pensado em dizer qualquer coisa.

E fui transportado à CASA DAS VIDAS PERDIDAS.

CAPÍTULO TRÊS

A CASA DAS VIDAS PERDIDAS

Aqueles seres não me inspiravam confiança, mas também não me metiam medo. Eu sabia que alguma coisa precisava ser feita. Se tudo isso tinha sido disposto dessa maneira, era porque então aqui deveria começar o meu processo evolutivo, para que, ao voltar à TERRA, soubesse verdadeiramente o que seria preciso fazer para mudar tudo. E pensei: "Como deverá ser esta mudança? Que importância ela terá para nossa humanidade? De que maneira reagirão as pessoas?"

Nada fazia sentido em minha cabeça. E deixei-me levar pelo que viesse a acontecer, na certeza de que, agindo dessa forma, estaria dando um passo importante para conhecer as peças imprescindíveis deste meu aprendizado.

De repente todos aqueles seres se puseram diante de mim num bailado estranhamente gracioso e ao mesmo tempo intrigante. Percebi que deles emanava uma força que me fazia prisioneiro, não me permitindo qualquer gesto ou ação.

Assustado, comecei a sentir meu corpo afundando terra adentro como se fora uma minhoca. Um temor muito grande apoderou-se de mim. Procurei manter-me calmo à medida que ia sendo tragado. Tudo escureceu à minha volta. Engraçado, apesar deste estranho fenômeno estar me consumindo, consegui manter a calma. Notei que, embora estivesse sendo enterrado vivo, minha respiração continuava normal, sem sentir qualquer tipo de afogamento ou pressão.

Não consigo entender o que está acontecendo, mas tenho noção de estar indo cada vez mais fundo e que essa minha queda é muito demorada. Meus pés tocam em algo que parecem seixos com água rolando sobre os mesmos.

Meu corpo desaba no que devia ser o leito de um rio subterrâneo. Vejo adiante uma luz. Uma luz forte que vai aumentando cada vez mais, tornando-se, para mim, insuportável olhá-la. Penso que esta sensação se deve ao fato de ter permanecido muito tempo na escuridão total. À medida que a luz vai clareando tudo em volta de mim, vejo que estou no centro de um rio vermelho.

E, pior, esse vermelho é sangue. Meu Deus. Estou nadando num rio de sangue. Mas de onde vem esse sangue? A resposta não se faz tardar.

O lugar onde me encontro lembra-me um útero. Um útero gigantesco jorrando sangue. Vejo um feto boiando perto de mim. Um outro mais, e mais, e mais... Centenas de fetos de todos os tamanhos. Crianças recém-nascidas e já mortas. Centenas delas. Todas em volta de mim. Subitamente se levantam olhando-me com repugnância e exclamando: *"Um ser vivo"*. Com muita raiva. Um ódio que eu jamais imaginara pudesse existir no rosto de uma criança. Mas por quê? Por que, meu Deus. A resposta novamente veio rápida. Um daqueles miasmas repugnantes e fétidos parecia querer dizer alguma coisa. Prestei atenção naquele som agudo que incomodava terrivelmente mas que me fez entender que estas crianças estavam revoltadas por não lhes terem permitido nascer. Ou tinham nascido mortas ou morreram logo após o nascimento. E estavam revoltadas. Eram os habitantes da CASA DAS VIDAS PERDIDAS. Tinham sido expulsas dos mundos por seres vivos como eu.

Umas queriam afogar-me. Outras espirravam sangue nos meus olhos, na minha boca. Tentei nadar para longe, mas meus braços não me obedeciam.

Estava como que paralisado. Sentia que minha provação estava apenas começando. Esta seria uma das muitas provas que teria de enfrentar e vencer... Mas como? Por favor, alguém me diga como! Eu preciso que alguém me diga urgentemente o que fazer... O que fazer para vencer este pesadelo? Por favor, alguém me diga o que devo fazer. Uma voz dentro de mim berrou: "DESCUBRA VOCÊ!"

Abandonei-me ao sabor da correnteza. E a voz dentro de mim continuava a gritar: *"Quer fugir? Esquecer o que está diante de* você? Preste atenção, porque o que está diante de você é o que teria sido vida e que você deixou morrer". Eu? Mas o que tenho eu a ver com isso? Um daqueles pequeninos fetos parou diante de mim. E perguntei-lhe: *"Que quer você? Quem é você?* E aquele ser balbuciou umas palavras estranhas que a princípio não quis entender. E ele me disse: *"Meu pai...Você é meu pai! E não lembra mais de mim. Eu nunca o esqueci e nem jamais o esquecerei... Você é meu pai."* Como seu pai? — pensei em voz alta.

Ele retrucou: *"Não lembra mais? No dia do meu nascimento algo de muito grave foi constatado pelo médico que atendia ao meu parto. Meu sangue tinha uma deformação. Com ele eu não viveria. Teriam que trocá-lo todo. Foi quando você chegou e perguntou: O que está acontecendo? E o médico lhe respondeu: 'Temos que fazer uma transfusão urgente'. E você comandou: 'Pois que se faça essa transfusão imediatamente'. Mas era tarde demais. Eu já tinha morrido".*

Foi exatamente isso o que aconteceu. Lembrei-me então ainda mais aturdido. E me perguntei: Por que é assim? Por quê? Tantas ilusões destruídas, tantos devaneios. Tantas expectativas feitas em torno desta nova existência tão desejada, tão esperada. De repente tudo se esboroa ao se cortar uma vida.

Por quê? Não poderia ter-se criado? Ou será que o destino ou sei lá o que intromete-se para modificar os planos de um casal? Planos que se nutrem de imagens felizes, disparatadas e confusas. Recordação efêmera. Gozo passageiro, desejo intenso. Visões confusas e sobrenaturais intrometem-se sob o comando de algo abstrato que dá aos mortais um sabor de impotência.

Entregar-se a sonhos e devaneios, fazer castelos no ar e buscar realizá-los de acordo com nossas vontades e ver de repente tudo isso se esfumar, ser destruído, desvanecer-se, sumir. Neste instante, vieram-me à lembrança as palavras de Gonçalves Dias colocadas em um de seus livros: "Acordo de meu sonho tormentoso e choro meu sonhar".

E aquela criatura sendo carregada pela enxurrada de sangue balbuciava ainda: *"Eu sei... Eu sei... meu pai".* E a correnteza o levou velozmente para bem longe de mim. E fiquei matutando triste: "Meu filho... Meu filho... que não sobreviveu". E todos os fetos, os natimortos e os que nem sequer chegaram a nascer começaram a me afogar.

Sentia o sangue entrando pela minha boca, pelas narinas, por todos os lados. Ansiava destemperadamente respirar. Desfaleci! Vencidos os limites da razão, entro em estado de desespero. Onde afinal me encontro? Qual o significado de tudo isso? Quais os aprendizados que me estão a oferecer? Como e onde saberei encontrá-los? E aquela luz de novo, forte, intensa, provocando uma dor imensa em minha cabeça, sem que possa atinar por quanto tempo mais ainda permaneceria assim.
A resposta não se fez esperar.

CAPÍTULO QUATRO

OS TESTES DA PURIFICAÇÃO

Por um deles eu já passara. Quando viriam os demais? Eis que surge novamente diante de mim o líder dos HUMANÓIDES. Um iniódimo que me dava ordens contraditórias saídas de suas duas cabeças. Uma me dizia para fazer uma coisa, a outra me ordenava algo totalmente diverso. A dúvida me assalta. A qual das duas devo obedecer? Qual delas me estará dando a ordem verdadeira? USEI A INTUIÇÃO. Obedecerei primeiro a uma e depois farei o que me pede a outra.

Parece que com isso satisfiz a ambas, pois ele parou de se contorcer naqueles requebros descabidos. Suas duas fisionomias pareciam estar agora mais tranqüilas. Uma das cabeças mandava-me assistir ao julgamento de um ateu. A outra me recomendava ir conhecer o LABORATÓRIO DA VIDA.

Deixei-me levar novamente pela INTUIÇÃO. E pensei: primeiro vou ao julgamento. Bastou que esse pensamento fosse formulado por minha mente, para que surgisse à minha frente um portal imenso. Sou dominado por um impulso que me lança numa gruta imensa toda iluminada num tom verde brilhante. Sentados num grande auditório, milhares de HUMANÓIDES se agitavam num frenético *balé*, desejosos de assistir ao grande julgamento.

No centro, um grande totem, e nele encontrava-se aquele que deveria ser o poderoso HUMORAL, líder maior que representava a filosofia da harmonia, do discernimento e do equilíbrio das potencialidades e das qualidades inerentes. Sei dessas coisas porque RAMSÍ me falou algo a seu respeito, quando do episódio do banheiro, logo após termos retornado ao Palácio. À sua direita, sentados em pequenas fontes de vapor d'água, os HAMIREUS de um lado e os HAMAXÓBIOS de outro. Estes povos, segundo me contou também RAMSÍ, depois de terem passado pelo LABORATÓRIO DA VIDA, foram enviados os primeiros para compor o povo da ARÁBIA e os outros para a SAMARCIA.

Subitamente fez-se uma algazarra infernal e uma luz vermelha iluminou o ATEU. Meus olhos se dirigiram para ele e quando o foquei na minha retina, oh! surpresa minha, ali estava MEU PAI! Mas meu pai nunca foi ateu!

Por que o estavam julgando como tal?

E a voz do grande HUMORAL se fez ouvir tonitruante, e um silêncio sepulcral tomou conta de todo aquele imenso auditório. Estava começando o JULGAMENTO DO ATEU.

Uma música etérea se fez ouvir em todo o ambiente. No entanto, não conseguia atinar de onde vinha aquele som. Era envolvente e criava a atmosfera perfeita para que se iniciasse o julgamento. Uma voz anuncia o acusador: HUMOS. Ele era um dos HAMIREUS, que se erguendo do lugar onde se encontrava e solto no ar, bailando nervoso, iniciou o libelo acusatório: *"Este ser, que estais vendo como o acusado, renegou seu PAI MAIOR no lugar de sua morada no PLANETA TERRA. É pois um terrestre e vivia com sua gente num lugar pequeno, mas muito confortável. Dois outros seres completavam sua existência, além de sua ASPOSE (sua mulher), um CRIANÇO e uma NANÍMA (seu filho e sua filha). Um dia, a energia maior que nos comanda chamou sua NANÍMA para fazer-lhe companhia na ILHA ENCANTADA DO PARAÍSO, pois tinha planos de transformá-la num anjo celeste cheio de pureza e bondade, pois assim ela sempre o fora em vida. Este ser, ao ver que sua NANÍMA (filha) fora levada pelo GRANDE PAI CELESTE, não se conformou e o renegou. Tornou-se um blasfemo e deixou de crer em seu próprio DEUS. Sua alma não descansará enquanto ele não se mostrar disposto a reconsiderar tudo o que afirmou naquele instante e mudar. Já faz tempo que está entre nós e não mudou em nada sua maneira de pensar. Existe alguém entre os HUMANÓIDES que esteja disposto a falar em sua defesa?"*

Um silêncio pesado se fez sentir. Ninguém. Ninguém daquela gente estava decidida a dizer qualquer palavra para salvar meu pai. Senti uma vontade louca de gritar em sua defesa, mas as palavras não me saíam da garganta nem sequer meus pensamentos os atingiam. Eu me tornara mudo para eles.

Uma aflição muito grande tomava conta de todo meu ser diante da impotência de tentar fazer-me ouvir. Um sofrimento martirizante remoía dentro de mim, e aquela total sensação de nulidade me asfixiava. O grito sufocado na garganta fazia com que me sentisse um ser sem o menor valor.

Quero ajudar meu pai, mas parece que não me permitem.

O líder dos HUMANÓIDES levanta-se e alçando seu pequeno vôo ergue-se entre os demais para interrogar os HAMIREUS que estavam à sua direita. E ouviu-se uma voz anunciando que falaria ÉBLON, o mais ilustre dos HAMIREUS. Seu pensamento forte e decisivo a respeito do processo foi definitivo: *"Neste refúgio edênico, jamais se perdoará um blasfemo. Penso que devemos deixá-lo perdido para sempre nos espaços siderais como uma estrela cadente, sem rumo, sem paz".*

"Não. Não façam isso com meu pai. Tenham piedade", disse desesperado para mim mesmo, pois eu sabia que ninguém iria me escutar. Foi anunciada então a palavra de HERCUNIÁTE, um HEMAXÓBIO ilustre, que, segundo soube depois, era o único descendente do povo da PANÔMIA. E a PANÔMIA desaparecera no grande terremoto que assolou parte de ILOÉ, no início da era diáfana, época em que todos os HUMANÓIDES sofreram a transformação total de suas vidas, passando do estágio embrionário para o ectopágico. Seu pensamento foi tão forte que tomou conta de todo o plenário. Queria saber se não havia entre todos os que ali estavam alguém que pudesse assumir a defesa do terrestre que estava em julgamento, antes de condená-lo ao ritual fatídico da transformação estelar.

Não sei por que, mas vi-me de repente projetado para o alto e meus pensamentos começaram a sair atropelados, tal a necessidade que tinha de querer defender meu pai. Alguns HUMANÓIDES mais afoitos e avessos a esses rasgos de liberdade seguraram-me. Um deles soprou em minha boca um vento tão gelado que me congelou as cordas vocais, não permitindo que eu pronunciasse qualquer palavra. Senti-me frustrado, derrotado. Um pensamento extremamente forte saiu de mim e ribombou em toda a gruta. Fez-se um silêncio total.

HUMORAL ergueu-se no ar e, olhando para mim, ordenou: *"Fale e dê uma razão plausível para que o escutemos"*. E procurando lá no fundo de meu ser as forças que estavam se esvaindo, gritei desesperado: "Este é meu pai. Quero defendê-lo". E aquele filósofo que era o patrono da harmonia e do equilíbrio acrescentou: *"Para que possais defendê-lo, antes terás que te sujeitar ao SACRIFÍCIO DOS ATEUS"*.

CAPÍTULO CINCO

O SACRIFÍCIO DOS ATEUS

Interrompeu-se o julgamento para que eu pudesse ser submetido a mais uma tarefa que intuía terrível, pois sabia que aqueles seres jamais iriam perdoar meu pai, se eu não fizesse algo que lhes desse a prova de estar sendo movido por um amor maior.
Abre-se uma fenda na gruta. Por aí me ordenam que entre. Seis inióclimos, que estavam atrás de mim, empurraram-me para dentro daquela escuridão.
A fenda fecha-se em seguida, deixando-me sem enxergar absolutamente nada. Uma sensação de frio tomou conta de mim e, apesar de tudo, transpirava. Percebo uma luz intermitente que vem oscilando na minha direção. Era de cor lilás e aumentava e diminuía de intensidade à medida que a oscilação se processava.
Em seguida noto uma nuvem de fumaça que, saindo de algum lugar no chão, subia volátil formando algo que se assemelhava a um corpo gigantesco. Parecia um daqueles gênios que aparecem nos filmes de Walt Disney, saídos de uma lâmpada. Este ser, como o da lâmpada, não era um gênio, mas um monstro horrendo que soltava labaredas pelo focinho, tinha pêlos no corpo, unhas enormes e vinha ameaçador na minha direção soltando línguas de fogo. Uma dessas labaredas chamuscou o traje especial que vestia e ele enviou-me sua mensagem: *"Para me venceres precisarás de coragem, astúcia, habilidade e possuir uma força mental capaz de me dominar".*

Sim, eu tenho essa força mental. Mas como usá-la naquele instante em que me encontrava dominado pelo pavor? Para que pudesse ativar essa força e colocá-la em marcha para vencê-lo, precisaria de muita calma, concentração extremamente positiva e tranqüilidade maior. Três coisas que naquele instante eu não seria capaz de coordenar para usá-las. Tive vontade de correr, fugir. Mas para onde? À minha volta um breu total. No entanto, o instinto sempre alerta indicou-me a saída. Do lado direito daquela figura havia uma réstia de luz. Atirei-me velozmente na sua direção correndo o mais que podia e minhas forças permitiam. Mas tropecei em algo e estatelei-me no chão.

Ao tentar recompor-me, não conseguia desgrudar as mãos daquele solo umedecido e pegajoso. Era como uma cola que me prendia ao chão tolhendo-me os movimentos. Todo meu corpo estava preso nela. Tentei virar-me na direção de onde deveria estar o monstro e eis que uma nova língua de fogo passa por cima de minha cabeça, indicando que ele não me havia perdido.

O fogo, porém, derreteu a cola e consegui livrar as mãos. Tentei agarrar-me a qualquer coisa que estivesse por perto e nada. Nada havia à minha frente, nada que pudesse afastar-me daquela loucura. Outra língua de fogo, e mais outra. Sentia que estava queimando, mas em compensação percebi de repente que estava solto, completamente solto.

O próprio monstro, sem querer ou até de propósito quem sabe, estava me dando novas chances de sobrevivência. Pus-me de pé. Ouvi claramente umas batidas de asas. Mas, o que seria agora?

Senti-me agarrado pelas costas e no minuto seguinte estava no ar, voando. Não podia atinar que tipo de ave, ou sei lá o que, estava me transportando. E, pior, não conseguia enxergar absolutamente nada. Parecia até que a cada volta que aquele pássaro dava eu penetrava numa escuridão ainda mais intensa.

Adiante, vislumbrei algo que me pareceu a boca de um vulcão soltando labaredas enormes. Nem por um momento sequer passou por minha cabeça o que iria me acontecer em seguida. Ao parar sobre a boca do vulcão, o pássaro soltou-me.

Caí no vácuo e penetrei na cratera que parecia haver esperado a vida inteira para tragar-me e fui lançado numa espécie de lava pegajosa que me queimava brutalmente. Atordoado, pensei que chegara a hora de pagar finalmente todos os meus pecados.

Eis que de repente um pensamento tonitruante soou em meus ouvidos, parecendo dizer-me: *"Você está no centro do FOGO DA PURIFICAÇÃO. Aqui estão sendo queimados todos os seus pensamen-*

tos impuros. Daqui sairás limpo de corpo e alma. Aqui serão incinerados todos os seus desejos malignos e toda a maldade que porventura imaginastes".

E fez-se um silêncio terrível. Percebi cheio de felicidade que o fogaréu havia se extinguido. Mas restou em meu subconsciente um pensamento: O que viria agora? Toda aquela felicidade que antes me invadira de repente transformou-se em preocupação. O que viria a seguir? E a resposta não se fez tardar.

A boca do vulcão se fechou na altura do meu pescoço e senti alguma coisa gotejando sobre minha cabeça. Escorreu pela testa, passou sobre meus olhos, desceu suavemente sobre meu nariz, indo cair finalmente na minha boca. Sorvi um pouco. É mel. Ainda bem que alguma coisa doce vem para me tranqüilizar.

Um pensamento terrivelmente equivocado. Caminhando na minha direção vejo um exército de centenas de milhares de animaizinhos que me lembraram imediatamente as temíveis formigas gigantes devoradoras de mel. Enormes. E chegaram atacando violentamente.

Algumas entravam pelas minhas narinas, outras pelos ouvidos, a grande maioria vinha diretamente para a minha boca e algumas enchiam-me os olhos. Jamais imaginara que isso pudesse acontecer com alguém. A tortura é terrível. Não sei se irei agüentar. Tem formiga por toda minha cabeça, formiga nos olhos, na boca, descendo narina abaixo. Eu não agüento mais. Acho que vou enlouquecer.

A sonolência da morte começou a prenunciar meu fim. Tenho certeza que chegou a minha hora. E pensei desesperado: "Não posso morrer enquanto não salvar meu pai".

Meu pai, no centro da sala de julgamento, suspirava profundamente e um pensamento muito forte parte de sua mente para atingir a mente de todos aqueles seres ali reunidos. A algazarra que se fazia cessou. E todos prestaram atenção ao que meu pai tinha a dizer. E ele, altivo, sereno, fez sua declaração:

"Eu amava minha filha e não me conformei quando o destino a levou tão cedo, tão pequenina. Uma criança ainda. Foi grande demais a minha dor e maior ainda meu sofrimento, pela certeza de que não mais a teria ao meu lado.

Ao vê-la inerte à minha frente, esticada naquele caixão, eu BLASFEMEI. E insultei o SENHOR. E disse em alto e bom som para que todos ouvissem que não mais acreditava NELE. Que para mim a partir daquele instante DEUS não existia mais".

Os HUMANÓIDES, ao ouvirem esta declaração, iniciaram uma gritaria tal, que o grande HUMORAL erguendo-se no ar acima de todos fez um gesto. Apenas um gesto. E fez calar toda aquela multidão. *"DEIXEM O TERRÁQUEO TERMINAR SUA CONFISSÃO!"* E todos se puseram atentos aos pensamentos de meu pai. E ele disse finalmente: "SENHORES, EU PEÇO PERDÃO". E ajoelhando-se, com um fervor sem igual, continuou: "Foi uma explosão de raiva, misto de desespero e dor, revolta e vingança. Vingança contra mim mesmo por não ter compreendido que assim é a vida. Extingue-se, quando menos esperamos por isso, e parte para começar em algum outro lugar só DEUS sabe onde. Peço humildemente ao povo de ILOÉ, que aqui me acolheu, que me perdoe. Peço também aos HUMANÓIDES, que me mantiveram sereno neste cativeiro, o seu PERDÃO, por terem esperado por esta hora, que inteligentemente sabiam um dia iria acontecer. Liberem meu filho de seu grande sacrifício, pois creio ter ele enfrentado todas as provas como um homem valoroso que é. Bom, puro, generoso; único para mim e sem igual para os ideais que vocês perseguem".

Sem saber como, nem por que, senti de repente a boca do vulcão alargando-se e me vi sendo suavemente recolocado sobre a bolha onde descansava antes que tudo isso me acontecesse. Não havia mais formigas ou sequer vestígio delas. Parecia-me que tudo fora um grande pesadelo. Abro os olhos e vejo parado à minha frente um iniódimo, olhando-me com os seus quatro olhos das suas duas cabeças e de forma estranhamente carinhosa, para soprar aquelas palavras que jamais hei de esquecer enquanto viver:

"Seu pai não mais está entre nós. Acaba de seguir, levado pelas mãos de GABRIEL, o anjo do Senhor, para sua nova morada: a ILHA ENCANTADA DO PARAÍSO, onde ficará ao lado de sua filha amada, sua irmã. Pediu-me que lhe deixasse um beijo de amor e de saudade e que lhe fizesse saber do orgulho imenso que sentia pelo filho que aqui deixava."

Uma algazarra alucinante chegava a meus ouvidos e sem que me desse conta surgiram à minha frente centenas, milhares de HUMANÓIDES agradecidos por terem conseguido, por intermédio do meu sacrifício, receber o perdão de MABRAH e tornarem-se filhos queridos de ILOÉ. Daqui para a frente, seriam respeitados por todos os seus irmãos e integrantes daquela família de seres maravilhosos que habitavam este estranho planeta, nesta galáxia tão distante. E com um incrível e suave *balé*, foram desaparecendo suavemente deixando apenas o GRANDE HUMORAL para me dizer cheio de emoção: *"Pela coragem, pela força mental que o fez suportar todos os testes que enfrentastes, eu te chamarei daqui para a frente de IRMÃO. Que MABRAH te abençoe e envie teu filho querido até nós para dizer-te pessoalmente do grande carinho que passou a nutrir por este seu novo apóstolo"*. E inclinando seu corpo diáfano numa saudação que envolvia respeito e admiração, deixou-me entregue a um suave pensamento de ternura que dediquei a meu pai. Fecho os olhos para poder viver este grande momento de paz interior e penso ouvir alguém suavemente sussurrando permissão para entrar ali onde estava. Um perfume inebriante e altamente estimulante fez-se sentir naquele aposento onde me encontrava, trazendo a figura tão querida de RAMSÍ.

Fez-me saber imediatamente que todo o povo de ILOÉ estava profundamente feliz por ter a seu lado aquele que, de antemão, sabiam ser o grande intérprete dos desejos de paz daquele mundo tão diferente.

E complementando com palavras cheias de carinho o pensamento de todos, disse-me: *"Tu passaste por provas muito difíceis e como um verdadeiro vencedor as transpusestes uma a uma. Destes uma demonstração de imenso destemor, desencadeando um processo de inestimável valor, para mostrar que somente pelo amor pode este povo, que até então nunca se integrara à comunidade do grande povo de ILOÉ, fazê-lo! Agora tu também pertences a esta comunidade. Vem comigo que quero te levar em seguida para conhecer o LABORATÓRIO DA VIDA"*.

E a bolha onde me encontrava suavemente recostado ergue-se no ar e começa a acompanhar os meneios graciosos da primeiradama daquele povo tão gentil.

E pela primeira vez desde que chegara a este planeta, saí para percorrer os famosos jardins de ILOÉ, cheios de cores e perfumes inexcedíveis. A imensa bolha transparente que representava o céu de ILOÉ permitia-me ver agora o sol envolvente daquele estranho mundo, onde as coisas aconteciam de forma inusitada para todos os meus princípios. E comecei a viver a grande aventura que despertaria minha consciência para os importantes problemas do meu mundo, na busca pelas formas com as quais eu e mais todos aqueles homens de boa vontade, que certamente estariam comigo nesta luta maravilhosa, encontraríamos finalmente, e de maneira definitiva, a tão sonhada PAZ.

Mas, como isso me parecia ainda tão distante. Embora o simbolismo seja estranhamente verdadeiro, essa distância, porém, nada significava em razão de que apenas um fugaz pensamento me poderia colocar imediatamente lá.

Isso me fez pensar em seguida no pouco que conhecemos a respeito de nossos vizinhos intergalácticos e quão cegos somos para não permitir que se abram nossos olhos para a grande realidade de sua existência para podermos conhecê-los melhor. Mas eu não podia reclamar. Estava tendo o grande privilégio. E pensei nas grandes informações que aqui me seriam prestadas para que pudesse, ao conhecê-las, colocá-las em funcionamento no exato instante em que de novo pisasse na TERRA.

RAMSÍ, que estava à minha frente, virou-se graciosamente e me fez saber que tudo o que eu estava pensando naquele instante me seria manifestado quando menos esperasse. As revelações se fariam claras e precisas, mas havia um tempo para que se materializassem. Eu deveria ter um pouco mais de paciência; e em vez de me perder em pensamentos indecifráveis, buscasse conviver com a natureza, que nos envolvia docemente, para captar toda a força que ao nosso redor criava os meios de identificar o caminho a seguir. Ao levantar os olhos vi um imenso arco-íris servindo de entrada àquele local sagrado.

CAPÍTULO SEIS

O LABORATÓRIO DA VIDA

AVOEJ nos esperava na entrada. Fez um gesto de boas-vindas e nós três penetramos juntos por um largo corredor, cercado das mais exóticas formas de ornamentos florais cuja beleza não cansava de admirar. Tudo era perfeito demais. Tudo era colorido demais. E as cores marcantes pareciam estar envoltas por um halo resplandecente que as tornava ainda mais preciosas e belas. RAMSÍ percebeu meu entusiasmo e explicou-me imediatamente:
"*Cada uma destas flores é uma vida. Diariamente nossos semeadores de vida vêm até um destes corredores de aleitamento, para semear as vidas que estão sendo necessárias em qualquer lugar dos sete superuniversos que estão à nossa volta. Tudo isso é muito bem cuidado, para que no exato momento em que se plante a idéia de vida no pensamento dos seres que habitam estes planetas, nos úteros das vossas mulheres, e nas mais diversas formas de concepção que se processem nas galáxias imensas que nos cercam, o 'espírito' dessas vidas aqui tratadas tome a forma embrionária que haverá de gerar este novo ser.*"
Ao olhar com mais cuidado aqueles jardins imensos que se perdiam numa distância incomensurável, um pensamento tomou conta de minha mente: "OS JARDINS SUSPENSOS DA BABILÔNIA". Sim. Havia uma relação majestosa entre as duas es-

truturas de suas formações. UM algo. Uma semelhança. Ou seria apenas minha imaginação tentando criar comparações absurdas?! Foi AVOEJ quem me arrancou desse momento de reflexão. Apontando em frente disse-me: *"Olhe, há uma encomenda enorme de vidas em JÚPITER. E eu já sei o que deve ter provocado isso"*. Estranhei. E ele explicou: *"Há uma festa pagã que acontece em JÚPITER a cada cinco tempos da divisão de tempos que procedem de sua escala horoscópica. A estas festas eles dão o nome de BACHANÁLIA, onde os seres que lá habitam vão até seus anéis e durante uma massa de tempo que não sabemos ainda calcular co-habitam, para dar forma a novas gerações. De que maneira isso é feito nunca soubemos. É um segredo que eles guardam avidamente. O resultado, porém, é que somos nós que temos a obrigação de cuidar para que não lhes faltem estas vidas então encomendadas. Essas festas têm um nome muito especial, chamam-se também de 'AS FESTIVIDADES DO SÉTIMO SÍMBOLO'; e provavelmente, devem ter alguma relação com as atividades de seus anéis"*.

RAMSÍ chamou-me de lado e me fez entrar diretamente no laboratório que alimentava os seres da TERRA. *"Venha. Venha ver como acontece o nascimento da semente molecular que irá criar uma vida em seu mundo.*

Olhe lá em cima. É daquela imensidão de tubos que desembocam nos diversos geradores de espírito que sai o sopro, que em fração de segundos vai gerar no útero de alguma fêmea um novo ser em seu mundo." E comecei a pensar mais seriamente a respeito do planeta em que me encontrava.

"Este não pode ser apenas um planeta qualquer de uma galáxia qualquer. Deve haver alguma coisa mais aqui que ainda não me permitiram conhecer. Algum segredo, algum mistério." Olhei em volta e felizmente RAMSÍ já não estava mais perto de mim, senão já teria lido meu pensamento e nem sei o que isso poderia provocar. Silenciosamente, uma figura completamente diferente de todos os seres que havia visto por aqui aproxima-se de mim. Olha-me com grande interesse e pergunta-me num idioma que se parecia muito com o meu: "Você é o terráqueo que veio para servir de elo intergaláctico e salvar sua TERRA, ajudando os seres de todos os mundos a se entenderem?

A pergunta pegou-me de surpresa, e mais surpreso ainda fiquei quando percebi que meu interlocutor falava perfeitamente meu idioma. Indaguei-lhe quem era e como chegara até aqui.

"Sou VENUSIANO!" Insisti em saber como falava meu idioma. Ao responder, deixou-me ainda mais intrigado: "Não falo seu idioma". Claro que falava, pois eu entendera tudo o que dissera. Isso deixou-me ainda mais surpreso. Perguntei-lhe quem era e ele respondeu-me: "Chamo-me ZORREB, sou cientista. Especializado em vidas. Em nosso planeta desenvolvemos um sistema intermediário de captação mental que nos permite reproduzir o idioma que falem nossos interlocutores. Assim é que, ao ler sua mente, consigo captar, por intermédio das vibrações de seus neurônios, a forma de reprodução dos sons que seu pensamento faz ao chegar no depósito que armazena a minha inteligência".

Seu tipo físico lembrava tanto o nosso biotipo, que insisti uma vez mais em saber se em seu mundo todas as pessoas se pareciam com ele.

Com sua resposta, dei-me conta de que nossos sistemas tinham alguma coisa em comum. Perguntei-lhe, em seguida, há quanto tempo encontrava-se em ILOÉ. Sua resposta intrigou-me novamente: "Estou aqui há milhares de anos-luz, nem sei mais quantos. Sou o que vocês chamam um morto vivo.

Já passei para o outro lado há muito tempo. Nem me lembro mais quanto tempo faz que vim parar aqui. Fui um grande cientista em meu mundo, especializado em formar vidas perfeitas. Por isso quando desencarnei convocaram-me para vir a ILOÉ. A bem da verdade devo lhe dizer que aqui vivo muito bem. Estou apenas fazendo hora para terminar minha missão e seguir para outro lugar qualquer onde seja convocado num dos muitos planetas dos sete superuniversos." Fez uma pequena pausa e continuou: "Venha comigo. Vou mostrar-lhe algumas experiências fantásticas que realizamos na criação de espíritos cada vez mais bem desenvolvidos. Isso tem nos permitido mudar os conceitos, as formas de comportamento e até as afinidades das pessoas, com a finalidade de torná-las cada vez melhores. Com isso temos conseguido mudar também a filosofia dos mundos menos evoluídos". Atravessamos algumas veredas perfeitamente retas e lisas, de cor branca. Um branco tão branco que creio não exista, em nenhum lugar, um branco que seja tão branco.

Ao fixar os olhos nele, doeu-me a vista. Entramos e saímos por diversos portais revestidos com aquela coisa semelhante à nossa madeira, tão polida e perfeita que dava a impressão de ser mármore. Um mármore com uma polidura especial que lembrava madeira petrificada.

Finalmente, o VENUSIANO pára diante de uma porta com brilho tal que à primeira vista parecia ser ouro. Ao examiná-la melhor notei que ela também tinha o brilho e a perfeição daquele mesmo tipo de madeira que lembrava o mármore que tivesse levado um banho dourado. Em seguida, o VENUSIANO informou-me que estávamos entrando na ala de criação dos espíritos desenvolvidos para o bem. Ao perceber meu estado de excitação e sem que ainda tivesse intuído a razão que me levara a este estado, perguntou-me: "Conhece o processo? Entende alguma coisa desta nova tecnologia?" Respondi-lhe que não tinha a menor idéia de como ou de que forma isso era conseguido, mas que apreciaria imensamente conhecer.

Aproximando-se de um painel de controle que mais parecia a mesa de comando de uma nave espacial, explicou-me: "Quando a vida de um ser se extingue em qualquer planeta de qualquer das múltiplas galáxias dos sete superuniversos (e apontou para alguns sensores sobre o painel) estes supersensores captam-na, no exato instante em que ela abandona o ser cuja vida se extinguiu, trazem-na para cá e colocam-na num imenso depósito de vidas, situado na ILHA DOS ESPÍRITOS DISPONÍVEIS. Aí, elas serão submetidas a uma seqüência de testes que identificarão os conhecimentos nela armazenados, o caráter e a personalidade. Conforme a classificação que recebam irão para a ILHA DOS ESTAGIÁRIOS DISPONÍVEIS, onde serão colocadas no interior dos sete cometas mais importantes dos sete superuniversos, com a finalidade de ser transportadas aos dois gigantescos depósitos que orbitam em torno da ILHA ENCANTADA DO PARAÍSO. Um desses depósitos receberá OS ESPÍRITOS DE BOA ÍNDOLE; outro, maior, recolhe OS ESPÍRITOS DE MÁ ÍNDOLE PASSÍVEIS DE RECUPERAÇÃO.

É dessa maneira que a divindade maior procura eliminar de todos os universos as impurezas que atingem as vidas dos seres que habitam os mundos sob sua responsabilidade. Posteriormente, elas são colocadas à disposição de todos os MICAEIS e seus exércitos de anjos de bondade infinita. Ao atingirem o número ideal para que deva acontecer uma nova reposição de espíritos nos mundos destes universos, os bolsões se abrem e estes espíritos são liberados para ser absorvidos pelos sete depósitos orbitais situados nas sete galáxias menos importantes dos sete superuniversos. Tudo isso é feito segundo as normas gerais dos critérios que se adotam, para que esse processo seja realizado dentro da mais perfeita harmonia. Este é o caso específico de ILOÉ."

Sem querer, o VENUSIANO, com sua explicação, me faz descobrir de repente que ILOÉ não era apenas um planeta qualquer de uma galáxia qualquer.

E ele prosseguiu na sua explanação: "OS ESPÍRITOS DE BOA ÍNDOLE são remetidos para cá. Quanto aos ESPÍRITOS DE MÁ ÍNDOLE SUSCETÍVEIS DE RECUPERAÇÃO são enviados para o CENTRO ESTELAR DE RECUPERAÇÃO DE ÍNDOLES, para que possam freqüentar a ESCOLA SUPERIOR DE FORMAÇÃO MENTAL DAS NOVAS ÍNDOLES. Por meio de reciclagem, eles irão sofrer uma readaptação em suas personalidades nos cursos especiais que aí são ministrados. Os professores destes cursos são anjos de pureza infinita, vindos diretamente da ESCOLA DE ANJOS ESPECIAIS, que se encontra num dos sete satélites da ILHA ENCANTADA DO PARAÍSO".

Eu estava fascinado com aqueles esclarecimentos que me iam enchendo de conhecimento, a respeito do trabalho que faziam estes seres de muitos outros mundos e da vida em si. Minha compreensão ia aumentando a cada estágio evolutivo desta seqüência de fatos que me colocaram numa verdadeira escola avançada, que me estaria preparando para assumir uma posição de liderança nos destinos de meu mundo. Enquanto esses pensamentos embalavam minha mente, eis que chegam RAMSÍ e AVOEJ com algumas novidades alvissareiras. Contaram-me que havia uma festa programada pelos HUMANÓIDES, para agradecer meus valiosos préstimos na união dos povos de ILOÉ. E que eu não poderia faltar. ZORREB, o cientista venusiano, disse-me então: "Com a permissão de seus ilustres anfitriões, gostaria de mostrar-lhe a parte mais nobre de nosso trabalho.

Representa para todos nós que aqui servimos a função da qual mais nos orgulhamos. Vou conduzi-lo à SALA DOS AMORES PERFEITOS, onde, misturando doses certas de determinadas qualidades, formamos o que amanhã se transformará no subconsciente das vidas aqui preparadas."

E chegamos a uma sala imensa de formato regular com três tipos de pinturas que iam desde o azul-claro inicial, passando pelo rosa-suave e terminando num lilás-esmaecido, dando a impressão de que o local fosse muito maior do que realmente era.

Destacava-se naquele lugar uma aparelhagem estranhamente complexa. Cheia de alguns tubos transparentes e outros totalmente opacos que, ao se entrelaçarem, criavam centenas de bolhas plásticas, onde fervilhavam líquidos coloridos, que posteriormente eram conduzidos a diversos compartimentos, lembrando as velhas torres distribuidoras de petróleo, para ser acondicionadas em inúmeros reservatórios de armazenagem.

ZORREB inicia sua explicação demonstrando-nos como funcionava aquela parafernália: *"Lá no alto estão os captadores de afetos. Seu formato triangular permite a entrada de todos os ingredientes que irão compor as fórmulas dos mesmos. Em seguida descem para outro compartimento onde recebem o tratamento químico que os transformará em massa pastosa. Daí, serão condensadas na câmara de detonação. Logo após este processo, acontecerá uma explosão.*

Quando as cápsulas aí formadas forem projetadas através das torres de fracionamento irão atingir então o grande forno. Posteriormente, passam pela câmara de reação, que as farão descer pelos dezesseis dutos, para ser armazenadas em milhares de invólucros especiais. Mais tarde, elas serão novamente aquecidas a uma temperatura elevadíssima, que lhes dará a consistência que devem ter. Daí, seguem para as câmaras de transformação, a fim de serem estocadas nos diversos compartimentos das torres de compressão.

Estas, por sua vez, as distribuirão aos seus respectivos reservatórios de armazenagem.

Quando aquele manômetro aferidor central indicar que todos os afetos encontram-se no ponto máximo de ajuste para poder desenvolver a absoluta perfeição das personalidades, elas serão liberadas pelos canais condutores que as levarão até o centro distribuidor de cada caráter em formação." E disse-nos, apontando para os mesmos: "SÃO ESTES QUE VOCÊS ESTÃO VENDO AQUI". E continuou indicando cada um: *"Dezesseis ao todo. Olhem bem. Vou abrir este registro e por este canal descerá o sentimento. Este despeja a amizade; por este outro descerá a paixão; por este aqui a simpatia; este misturará a afeição com a ternura; este outro desenvolverá o carinho e neste despontará a cortesia. A complacência e a*

indulgência descem por estes dois tubos que se acoplam a este outro para produzir a perfeição do amor."
RAMSÍ e AVOEJ olhavam-me extasiados. Viam em meus olhos cheios de brilho uma expressão de completa incredulidade, que se misturava com a fisionomia de quem, compreendendo as sutilezas da criação, vê-se arrebatado numa aula de conhecimento, que o colocara entre os poucos homens de seu mundo, e talvez até de qualquer outro, que terão uma noção tão completa desta fórmula extraordinária de formação de um caráter. E o venusiano completou sua explanação, mostrando-me o cerne integrante da personalidade total.

Disse-me que ela vai impressa na mente dos indivíduos, sob a forma de uma conduta, que resultará da progressiva adaptação do temperamento constitucional às condições de seu ambiente natural, familiar, pedagógico e social.

RAMSÍ, delicadamente, fez-me lembrar a festividade que seria realizada em minha homenagem pelos HUMANÓIDES e que iria acontecer com toda a pompa dentro de mais algum tempo. AVOEJ agradeceu ao VENUSIANO todas as explicações que tinha prestado, e eu lhe fiquei devendo as informações magníficas que tinham tornado minha visita a este lugar altamente gratificante.

Voltamos ao grande salão de reuniões no suntuoso PALÁCIO DA LUZ CELESTIAL, que ainda se encontrava vazio. O casal levou-me diretamente à SALA ÂMBAR, repleta daquelas bolhas de acomodação. Nestas, muito mais sofisticadas que as anteriores, pude descansar com muito mais tranqüilidade e preparar-me para a grande festa.

Fiquei imaginando o tipo de festa que teriam reservado para mim.

E deixando-me perder numa seqüência de visões, como num filme, projetando em meu subconsciente algo que me fizesse supor que o que estaria se passando em minha mente, neste momento, seria exatamente aquilo que iria acontecer.

Nisto, soam as trombetas. Ponho-me de pé num salto. É o exato instante em que entram no salão meus anfitriões. Junto com eles veio HUMORAL, o líder maior dos INIÓDIMOS. Cumprimentei-os.

RAMSÍ conduz-me ao quarto ao lado, onde numa espécie de armário mostrou-me uma série de trajes especiais que se usavam para as grandes solenidades. Pediu-me que escolhesse o que mais me conviesse e que o vestisse em seguida, pois dentro de instantes a solenidade começaria. Fiquei no meio daquela centena de trajes, mas não me demorei na escolha. Escolhi o que tinha entre seus adornos uma jaqueta amarela com um belo manto verde-claro que cobria os ombros. Um saiote azul estranhamente belo e um par de botas douradas completaram minha vestimenta. Com o traje que escolhi e vesti, olhei-me numa espécie de espelho feito de um material polido e reluzente. Ao desfilar diante de meus anfitriões, um pensamento geral de aprovação saiu de todas as mentes ali reunidas.

O PALÁCIO DA LUZ CELESTIAL era um estádio enorme construído de pedras naturais rejuntadas com uma espécie de pó de vinil, que lhes dava uma consistência fantástica e mostrava, com figuras e alegorias, uma seqüência de desenhos belíssimos. Era imenso, e fiquei calculando que deveria acolher cerca de meio milhão de pessoas, comprimidas nas suas bolhas de acomodação. RAMSÍ estava suntuosa e AVOEJ, a seu lado, elegantíssimo.

HUMORAL transpirava de felicidade. Uma vez mais por minha mente passou a pergunta: "Que tipo de festa irá acontecer?" Não perdi por esperar.

A iluminação faustosa começa a baixar até ficarmos numa penumbra tal que mal dava para percebermos as pessoas ao nosso lado.

Um som surdo, como que saído de milhares de tímpanos, começa a ribombar. Um coro de milhares de vozes entoa um canto à boca chiuza (à boca fechada), que emociona pela beleza da melodia e pela grandeza da interpretação, dando-me a impressão de que a qualquer instante seríamos transportados dali para o paraíso. Um paraíso como eu sempre concebera: cheio de harmonia e muita paz. Sinto no ar a sensação de que algo fora do comum está para acontecer.

Um "halo" de luz se forma de repente envolvendo a figura de um ser cujas feições não aparecem muito bem definidas, mas que sugerem a fisionomia da bondade com tamanha perfeição, que tive a absoluta certeza de que ali diante de mim estava a expressão máxima da pureza.

No minuto seguinte, todos aqueles seres ali reunidos começaram a gritar com uma alegria única pelo nome de MABRAH, seu DEUS. Fez-se um silêncio total. Uma voz de tonalidade grave e poderosa inicia uma prece que parecia ser dirigida para mim. Mas eu tinha absoluta certeza de que ela estava sendo dirigida a todos os seres daquele mundo perturbador. E dizia: *"Esta é uma mensagem*

de amor. Estamos todos sendo testemunhas de que somente o amor, na sua mais abençoada forma, pode conduzir a vida ao equilíbrio necessário para que possamos obter as vitórias definitivas, que os leigos chamam de 'milagre'!
Nós, os conhecedores da suprema verdade, sabemos ser esta a única e autêntica forma de se possuir poder.
Com este poder, atrairemos os amigos para que sejam sempre orientados e harmonicamente envolvidos por esta irradiação deliciosamente amorosa, que nos propiciará um movimento perene de paz, alegria e boa vontade.
Abençoado seja este representante de um mundo tão distante. Mundo que tanto nos preocupou pelas constantes provas que nos deu de um adiantado estágio de deterioração. Mas que é capaz de revelar-nos este ser de tamanha grandeza, que veio até aqui para nos mostrar uma capacidade de dedicação e um afeto imenso por estes seus irmãos galácticos, que aparentemente nada deveriam representar para si.
Será por meio das grandes circunvoluções bizarras que deveremos buscar a pureza de nossos pensamentos! Esta será a única fórmula que não permitirá que jamais venham a macular-nos os maus presságios dos que correm atrás das projeções maléficas. Nossos anjos estarão sempre à tua volta, amparando-te e preservando-te, para que a ti cheguem sempre os benefícios maiores, que te farão encontrar a felicidade de que sois merecedor.
Irmãos, que esta noite seja de festa, e que nela possamos reverenciar o amigo que veio de longe para nos oferecer seus sacrifícios e mostrar a grandeza de seu caráter e a força de sua lealdade, promovendo exatamente aquilo que só através do amor é possível se conseguir: esta força catalisadora capaz de unir as gentes."
Soam as trombetas. HUMORAL, pondo-se de pé, faz também sua profissão de fé: "Hoje renasci. Abandonei, e fiz também com que todo meu povo abandonasse, nossa antiga maneira de viver nas trevas. Trago dentro de mim, a partir deste momento, a luz divina do amor que é capaz de nos mostrar a verdade essencial. Hoje, meu estado de espírito transporta-me ao supremo infinito, numa demonstração desta extraordinária sensação que me envolve neste instante, em que venho unir-me a todos os povos de nossa raça.
União que representará a paz eterna e que preencherá definitivamente minha alma e meu ser."

A multidão de INIÓDIMOS explode numa frenética demonstração de carinho pelas palavras de seu líder. A seguir, HURANAIANOS, ALQUIMISTAS, COMPITAIS, GALIMÁTIAS e LEMURAIS, em todas as partes do planeta, unem-se aos HUMANÓIDES nesta confissão de amor fraternal, numa demonstração magnífica de solidariedade.
A FESTA TEM INÍCIO.
Ilumina-se o grande centro, que como um picadeiro de nossos circos permite as evoluções cheias de entusiasmo e alegria destes seres maravilhosos.

Surge uma bola de luz fazendo evoluções de um lirismo sem par em torno de uma grande flor amarela, em cujo centro uma floresta de pistilos, cercada por uma massa de pó alaranjado, permite que pequenos insetos venham depositar diminutas esferas azuladas que se desmancham por completo ao se mesclar com o pó alaranjado, criando uma nova coloração.

RAMSÍ explica-me que isso significa o desabrochar de uma nova existência, provocada pela invasão das esferas azuis que simbolizam o amor.

Entram pelo picadeiro, em seguida, cerca de vinte humanóides portando estandartes. Neles estão traduzidos os verdadeiros sentidos das origens cósmicas de todas as humanidades. Os hieróglifos são traduzidos para mim imediatamente por AVOEJ. E ali está escrito: "SOMOS TODOS IRMÃOS, POIS SOMOS FILHOS DO MESMO PAI".

Uma música suave, quase etérea, é ouvida sem que no entanto eu consiga saber de onde ela vem. Surge agora uma bolha gigantesca e nela vê-se meu rosto aumentado não sei quantas mil vezes e ouve-se uma voz que diz:

"Irmão, não esmoreça jamais. Ao voltares à tua terra, levarás contigo a certeza da existência da paz definitiva que a nós trouxestes. Ao chegares lá, irás anunciar o fim das guerras e a eliminação do ódio entre as raças. Neste instante, perceberás que todos os povos das inúmeras galáxias existentes no cosmo estarão ajudando-te a carregar o estandarte da paz, que deverás plantar em teu mundo com o apoio irrestrito de todos nós.

Mentalizaremos então, positivamente, uma força que será teu sustentáculo nesta difícil missão.

Tudo o que teus irmãos terráqueos desejam, já o possuem, apenas não perceberam ainda. E tu deves explicar-lhes isso."

Imediatamente percebo a presença de inúmeros seres à minha volta. Os pensamentos que emitem fortalecem-me interiormente e dão o alento necessário que me faz perceber que não estarei só quando regressar a meu mundo. Formando entre si um círculo, envolvem-me com um raio dourado que faz surgir em seu centro a figura de OMNIUM, a entidade representativa dos povos de URANOS. Vestia um macacão acetinado e tinha uma áurea sobre sua cabeça. Olhando-me dentro dos olhos emitiu um pensamento que dizia:

"Permita-me, voluntário terrestre, colocar-me à tua disposição para ajudar-te mentalmente, toda vez que necessitares levar avante tua missão ao regressares a teu planeta. Quero tua permissão para acompanhar-te com a força mental de todo meu povo, a fim de que possas mudar os meios que irão facilitar-te a missão maravilhosa de que fostes investido pela gente de ILOÉ. Que nosso Deus ARTHON te abençoe."

Comecei a perceber que entre aquela multidão, que ali se encontrava, havia representantes de muitos povos das inúmeras galáxias dos sete superuniversos. De repente, surge um círculo de luz irradiante lançando uma energia magnética, que faz detonar uma vibração emocionante para levar ao delírio toda aquela multidão de seres espaciais.

Entram no picadeiro as representantes femininas destes seres encantadores: as mônadas. Vêm entoando um canto de extrema beleza e portando centenas de milhares de velas coloridas, cujas chamas soltam uma fumaça esverdeada que ao se fundirem lá no alto começam a escrever uma seqüência de hieróglifos que me são traduzidos por AVOEJ.

"Saudamos a ti, ministro da boa vontade, que vieste até nós para promover a união. Que retornes a teu mundo cheio de conhecimentos tais, que irão iluminar sempre as tuas imperfeições."

Nova lufada de fumaça de tonalidade azul esmaecida surge formando uma nova frase. Desta feita é RAMSÍ que me põe a conhecer seu significado.

"Convocamos neste instante o senhor Yesu, nosso grande líder espiritual que repousa na Ilha Encantada do Paraíso, para que venha distribuir Sua sabedoria divina com este nosso hóspede especial.

Venha, para transformá-lo no apóstolo predileto desta nova era. E que as bênçãos de Mabrah desçam sobre todos nós."

Uma lágrima furtiva e teimosa escorre sobre a minha face para demonstrar a forte emoção que me domina. E lá do mais alto, da cúpula daquele gigantesco estádio, começam a cair centenas de milhares de pétalas, que brilham de forma graciosa como verdadeiros pingos de ouro e prata, perfumando o ambiente com uma fragrância estimulante a nos aguçar os sentidos. A parada terminaria com milhares de seres infantis portando um imenso coração, que com suas batidas rítmicas emitia um pensamento cheio de amor que dizia: "NÓS TE AMAMOS, TERRÁQUEO".

O grande LEGISLATUR levanta-se de sua bolha aveludada e vindo até onde me encontrava entrega-me uma minúscula pedra, que faiscava com brilho intenso, dizendo-me com toda serenidade: *"Esta é a pedra da energia contínua. Leva-a contigo para que nunca te falte a força necessária para suprires todos os teus momentos de luta desgastante. Que possas sempre servir a tua humanidade com extrema sabedoria e que MABRAH, nosso DEUS, te ilumine preenchendo teu superconsciente com a mais perfeita harmonia e colocando em teu coração a chama eterna do amor divino. Ao invocares ajuda por meio da freqüência cósmica deste amuleto, todos os teus planos de energia vital gerarão um campo de força tão poderoso que te tornarão indestrutível".*

AVOEJ envia-me um sopro suavemente envolto em essências aromáticas, para comunicar-me que o GRANDE MESTRE YESU virá pessoalmente a meu encontro, a fim de explicar-me tudo o que deverá ser feito, com a finalidade de eliminar definitivamente a grave crise moral que criou toda essa estrutura belicosa em nosso planeta.

A um gesto seu, todo o povo de ILOÉ presente naquele imenso ginásio se prepara para deixar o recinto, reverenciando-me com muito amor.

A FESTA TERMINARA.

AVOEJ fez-me saber então que na manhã seguinte RAMSÍ iria levar-me de volta ao INSTITUTO DE HIEROGRAFIA, para que continuasse conhecendo a história de seu planeta e a de seu grande líder religioso YESU, O CRISTO SALVADOR.

CAPÍTULO SETE

DE VOLTA AO INSTITUTO

Na manhã seguinte estávamos de volta ao Instituto. Sentamo-nos comodamente para acompanhar, por meio daquela projeção especial, toda a história do CRISTO SALVADOR:
"Quando o enviado celeste chegou a nosso planeta, a confusão era total. Ninguém se entendia. Cada um dos líderes de cada facção queria ser o comandante maior.
YESU chegou incorporando-se em um dos seres mais humildes dentre os lemurianos. O mais passivo. O mais bondoso. Aquele que anonimamente fazia o bem, sem olhar a quem. Seu nome era MESOJ.
YESU, incorporado naquele ser de infinita bondade, chegou para pregar entre sua gente.
Espalhava o amor e fazia saber a todos que MABRAH era o nosso pai maior. Por isso não deveria haver luta entre os irmãos.
Sua filosofia era a filosofia do amor.
Sua fama começou a propagar-se entre o gentio e foi tomando conta do povo que primeiro apareceu sobre a face do nosso planeta: os alquimistas.
Seu guia espiritual chamava-se IROACHE. E quis imediatamente conhecer este senhor das verdades.
YESU, na pele de MESOJ, foi levado à presença do grande líder dos alquimistas, e junto a ele estava uma grande multidão. As

palavras do filho de MABRAH impressionaram não só o líder, mas também toda aquela multidão que ali se encontrava reunida.

Pela primeira vez o grande intérprete das palavras de MABRAH, seu pai, disse a frase com a qual marcou todo o sentido de sua peregrinação entre nós: 'Que se unam todos os povos de ILOÉ, pois sois todos irmãos em MABRAH nosso pai. É verdade e eu vos digo uma vez mais, para que repitam uns para os outros: somos todos irmãos e nosso pai MABRAH habita a ILHA ENCANTADA DO PARAÍSO, onde reina para todos nós. MABRAH é nosso deus e senhor. Aqueles que seguirem comigo chegarão a ele, pois só através do filho se chega ao pai.' Sua fama foi crescendo e a maneira pela qual conseguia apaziguar os povos logo o transformou no líder espiritual de nossa gente.

Foi chegada a vez dos huronaianos tomarem conhecimento destas virtudes e dele se aproximaram.

HOPOMACKOS, seu líder, foi o primeiro a se converter e o primeiro a se sentar na grande assembléia dos fiéis, quando então confraternizou com seu irmão IROACHE, líder dos alquimistas.

E foram depois chegando alguns representantes dos galimátias, povo puro e sereno. Homens do mar que sempre buscaram o entendimento.

JOHÁNES, LUQUÍS, MICHAEL e NARDAHL passaram a ser os maiores seguidores de YESU. Numa visita que fizeram ao grande líder galimátia IDÁLIO, plantaram em seu pensamento a mesma idéia que já unia grande parte do povo de ILOÉ.

E todos se sentaram na grande assembléia dos fiéis.

Um dia, porém, aquele corpo que servia de aparência para o grande líder espiritual adoeceu e viu que era chegada a sua hora.

O desencarnar daquele espírito propiciou a YESU a grande transformação.

Ao assumir a fosforescência que passou a caracterizar nosso povo, levanta-se do leito de morte e renasce para tornar-se, definitivamente, o grande líder espiritual de todos nós.

Os lemurais, que sempre tomaram a si a tarefa árdua da unificação dos povos, juntaram-se também ao CRISTO SALVADOR e colocaram-no na assembléia como seu primeiro e único sacerdote.

Daí para a frente desencadeou-se a grande epopéia dos povos de ILOÉ."

Na tela quadridimensional projetou-se finalmente a imagem de YESU.

Assim terminou aquela aula sobre a formação religiosa destes seres. Impressionado com tudo o que vira e ouvira, não conseguia sequer levantar-me da bolsa onde estivera esse tempo todo sentado. No entanto, bastou apenas um gesto de RAMSÍ para que a própria bolsa me erguesse no ar e me fizesse acompanhar a primeira-dama. Embalava-me a certeza de que meus anfitriões já tinham providenciado tudo para que, dentro de pouco tempo, eu tivesse minha entrevista com o CRISTO SALVADOR. Mas, antes, eu deveria passar pelos medidores de campos magnéticos para saber como andava minha energia. E eis que surge à minha frente um ser aparentemente igual à gente de meu mundo. RAMSÍ informou-me que se tratava de um famoso cientista JUPITERIANO que estava em ILOÉ de passagem, pois deveria seguir imediatamente para um planeta da terceira galáxia do primeiro superuniverso onde iria prestar seus serviços. O planeta que estava com seu sistema totalmente enfraquecido, e para onde iria o homem de JÚPITER, era conhecido como HYDROA.

Olhando-me nos olhos, o cientista pediu-me que o seguisse.

Enquanto caminhávamos por um extenso corredor, percebi que as paredes que o ladeavam eram construídas com aquele material que se encontrava em todas as partes.

Ao final entramos numa sala abobadada de cor branca, onde havia uma espécie de leito semelhante aos que se encontram em nossos prontos-socorros, todo almofadado. Fui colocado nele por alguns auxiliares do cientista e o JUPITERIANO aproximou de mim uma parafernália que lembrava nossos aparelhos de RAIOS X e informou-me que ia submeter-me a um campo energético para verificar, imediatamente, como andava minha aura.

Aproveitaria também para medir a extensão de meu magnetismo.

Um de seus auxiliares começou a colocar sobre meu tórax algumas placas. Outro colocou sobre minha testa um pequeno aparelho que se parecia muito com uma de nossas minicâmeras de televisão e finalmente um terceiro encaixou meus pés num bolsão. Tudo isso estava conectado ao grande aparelho.

O JUPITERIANO chegou até mim e identificou-se: *"Meu nome é ZÍGLON, técnico em medição de aura e cientista nas horas vagas, quando aproveito para medir a energia que circula em nosso corpo físico e testar como está funcionando o órgão principal, conhecido como átomo central, por onde giram os nêutrons, os elétrons e as células epiteliais.*

A função primordial deste órgão é auxiliar o bombeamento do sangue para fazê-lo circular por todo o corpo e depois retornar a seu ponto de partida. Esse órgão, no corpo humano, teria a função semelhante à do coração. Prepare-se.

Quando eu acionar essa energia magnética, ela entrará em sintonia com outras freqüências semelhantes que me permitirão medir a extensão de suas potencialidades.

O contato permanente com essas freqüências ajudará enormemente na aceleração de suas próprias freqüências, trazendo como resultado uma recarga de energia altamente positiva, que lhe permitirá passar algum tempo sem necessidade de reposição. Atenção que agora vou acionar o fluxo magnético.

Ao processar a medição de sua aura, saberei se a sua fonte de energia é rejuvenescedora e se está sendo processada de forma correta, para que possa extravasar melhor todo seu entusiasmo. Isto acontecendo, e realmente está acontecendo, me dará a certeza absoluta de que você será sempre um homem feliz, e sairá daqui pronto para distribuir esta energia com quantas pessoas desejar."

E enquanto se assegurava de que minha energia fosse extremamente positiva, concluiu: *"Sua energia é fluente e extremamente poderosa".*

Preparei-me para sair, mas o Dr. ZÍGLON parece que tinha algo mais a me dizer. E mostrando-me uma chapa leitosa e muito fina, disse-me: *"Olhe, esta é a AUROGRAFIA que acabei de tirar de sua alma. Repare como está limpa e muito branca".* Indaguei-lhe sobre o que aconteceria se ela tivesse saído suja e escura. Ele respondeu-me prontamente que *as almas escurecidas revelam envolvimentos com drogas e denunciam grande vulnerabilidade.*

Desprovidas que estão de controle emocional, desamparadas da fluência de suas mentes, perdem totalmente sua condição de pureza no uso da razão, disse-me, finalizando sua explanação.

E, para deixar-me inteiramente à vontade, inquiriu-me: *"Gostaria de assistir a uma reunião de orientação para obter o total controle da alma?"*

"Claro que sim", respondi-lhe prontamente. E demonstrei isso de forma bastante incisiva. Dr. ZÍGLON fez-me então um sinal para segui-lo.

O lugar para onde fomos lembrava uma de nossas grutas e estava fortemente iluminado, claro o bastante para que não se tivesse a menor sensação de claustrofobia. Poucas pessoas encontravam-se em seu interior.

Dr. ZÍGLON apresentou-me a todas: ERGON viera do planeta MERCÚRIO; KROSNOVIK, do terceiro planeta da galáxia mais distante do sétimo universo; ÁKRON viera do planeta MARTE; URJAL foi convocado no planeta XENON da galáxia mais importante do terceiro universo conhecida pelo nome de DRAMÔA; e GORGIOS tinha vindo do planeta maior da segunda galáxia do quinto universo. Todos estavam ali reunidos pelo mesmo interesse: saber de onde vinham suas almas e o que teriam de fazer para participar da ESQUADRA DE SALVAÇÃO MISSIONÁRIA DAS ALMAS. E também gostariam de saber quando chegaria o DIA DO JUÍZO FINAL.

Sentamo-nos todos na expectativa daquele que iria conduzir a reunião dentro de uma só unidade de pensamento.

XAO LING PON era um desencarnado que viera da CHINA e que toda a vida fez do BUDISMO o estímulo maior para praticar a orientação do conhecimento mútuo e com isso fazer desaparecer as tensões que nos permitiriam o livre intercâmbio de sentimentos.

"Muito bem" — disse o Dr. XAO LING. "Vamos conversar sobre um assunto que me dá muito prazer tratar. A alma. O espírito. Aquilo que é colocado dentro de nós no instante da nossa concepção e na exata hora em que o óvulo é atingido em cheio pela massa procriadora masculina.

Saído diretamente do LABORATÓRIO DA VIDA e preparado com todos os ingredientes de uma boa formação, o espírito instala-se nesta nova vida.

Durante o período de gestação, prepara-se para poder viver em seu novo ambiente existencial.

Por estarem exatamente todos vocês aqui em ILOÉ, devem fazer uma visita ao laboratório. Vale a pena. Tenho certeza de que o eminente Dr. ZAGREB terá muito prazer em lhes mostrar todo o processo de limpeza e purificação das almas.

Quanto ao desejo de todos de conhecerem o ESQUADRÃO DE SALVAMENTO MISSIONÁRIO DAS ALMAS, vou lembrar-lhes os preceitos mais importantes de suas existências: deve haver sempre luz em cada um de vós, portanto é essencial que busquem em si próprios essa luz.

Se fordes possuídos através da mente pelo enredamento e a sedução da cobiça, dominai e controlai a tentação, para serdes o senhor da vossa própria vontade. A tranqüilidade, sem desejos impuros ou sofrimentos inadequados, chegará até vós através do CAMINHO DA VERDADE.

A forma de vencer suas etapas acontecerá sempre que possuirdes: *a percepção correta, o pensamento exato, a perfeição da fala, o comportamento adequado, o meio de vida certo, o esforço para a perfeição, a atenção devida e a concentração absoluta.*

As atividades da mente, meus amigos, não têm limite, e são elas que criam as circunstâncias da vida. Os desejos humanos são infindáveis.

Aquele que procura satisfazer seus desejos e não consegue multiplica suas aflições e aumenta sua insatisfação.

Os membros do ESQUADRÃO DO SALVAMENTO vivem muito próximos de uma terra que possui um lago de águas puras, frescas e cintilantes. Ali as águas batem suavemente nas suas praias de areia dourada. Aqui e acolá avistam-se enormes flores de lótus com suas matizes e cores variadas, perfumando agradavelmente o ar.

Os MISSIONÁRIOS DAS ALMAS estão sempre seguindo OS CAMINHOS DA PRÁTICA, pois são estes os únicos caminhos que levam à ILUMINAÇÃO! Nestes caminhos são forjadas as disciplinas para se obter O COMPORTAMENTO PRÁTICO, a CORRETA CONCENTRAÇÃO DA MENTE e a perfeita ASSIMILAÇÃO DA SABEDORIA.

Somente disciplinada, a mente poderá ser conduzida à fonte de todos os conhecimentos. Ao desfrutar com ela do VERDADEIRO CAMINHO, seguramente a felicidade, o contentamento e a iluminação vos encontrarão.

Mas para alcançar tudo isso é preciso conhecer os PROCEDIMENTOS CORRETOS. Eles são os seguintes: NÃO PERMITIR QUE O MAL SE INICIE EM VÓS; no entanto, se ele surgir, eliminai-o imediatamente! BUSCAI SEMPRE AS BOAS AÇÕES, estimulando-as e desenvolvendo-as, para que elas continuem sempre convosco. DESPERTAI EM VÓS A FÉ, para que possais acreditar sempre; desenvolvei a VONTADE DO ESFORÇO PRÓPRIO e PRATICAI A FACULDADE DA BOA MEMÓRIA para poder desfrutar da perfeita concentração mental, descobrindo a habilidade para manter calma e definida a SABEDORIA."

Todos, num uníssono, após a pausa que fez o Dr. XAO LING, perguntaram: "E quando acontecerá o DIA DO JUÍZO FINAL?"
E o Dr. XAO LING respondeu: "Este é um tema que não me diz respeito, mas vou aproveitar para passar a palavra à Dra. ZENANDA ZUZ, que é a primeira sacerdotisa das religiões evolutivas dos planetas emergentes, das galáxias mais novas do sétimo superuniverso".
O Dr. LING afasta-se para permitir a introdução de uma forma de vida totalmente diferente de todas as que tivera a oportunidade de conhecer.

Parecia ser feita de fiapos de madeira maleável agregados a um tipo de capa, semelhante a uma borracha fina e transparente, que se movia com extrema graciosidade. Seu rosto arredondado lembrava aqueles soldadinhos de madeira que as nossas crianças costumam brincar lá na TERRA. Possuía feições suaves e bonitas. Dr. ZÍGLON aproximou-se de mim e sussurrou-me no ouvido: "É uma das maiores sumidades em conhecimentos religiosos de todos os sistemas planetários existentes". E ela, com movimentos rítmicos acentuados e graciosos, começa a sua preleção sobre o DIA DO JUÍZO FINAL.

E olhando a todos, disse: "É interessante saber que em todas as atividades religiosas fala-se deste dia. No entanto poucas são as esclarecedoras. Primeiro devo definir o que entendo por religião. Eu penso que seja uma faculdade ou um sentimento que nos faz crer na existência de um ser superior que deva ser a causa, o fim ou até mesmo uma lei universal. Diria ainda que ela representa tudo aquilo que possa demonstrar o ideal de se manter esse dever sagrado. Tudo o que nos induzirá ao respeito pelos princípios de moral comuns à grande maioria dos povos da federação intergaláctica, independente ou não de revelações.

Para mim existem dois tipos de religião: a religião da fé e a do entendimento.

No princípio, quando da formação das nebulosas de dimensões descomunais, elas foram engrossadas por uma quantidade imensa de matérias e antimatérias que se espalharam por seus anéis reguladores que estavam repletos de suspensões integradas por neutrônios pesados.

Estes por sua vez espalharam pelos espaços siderais partículas de um mineral manométrico conhecido como plachbendas. Estas matérias foram aos poucos integrando-se umas nas outras durante milhares de anos-luz, medidas de acordo com as aferições efetuadas em cada uma das galáxias que compõem os nossos sistemas, para dar origem aos planetas que hoje se congregam na federação galáctica dos planetas.

Mas havia uma energia maior, composta de harmonia suprema e partículas amorosas, que vieram através do sopro das divindades que habitavam a ILHA ENCANTADA DO PARAÍSO.

Essa energia deu vida a todos os nossos sistemas, interligando-os de forma gradual e definitiva, não permitindo a desagregação de nenhum deles e produzindo os sete superuniversos que hoje fazem parte desta união intergaláctica.

Por isso todos eles irão atuar sempre em conjunto, como fontes de percepção dos fenômenos irradiantes que possam modificar os procedimentos de algumas unidades da federação.

Existe hoje uma humanidade desesperadamente preocupada com esse dia do juízo final. Julgam que esse dia possa representar uma hecatombe definitiva que levaria todos os nossos sistemas a um amalgamento que os devolveria a seu estágio inicial.

Esse dia do juízo final tornou-se, pois, uma lenda que se espalhou por todas as galáxias levando seus povos a uma situação de desesperada preocupação pelo que isso pudesse realmente representar."

Tomei a liberdade de interrompê-la para fazer a pergunta que creio deveria estar na boca de todos os presentes: "Então a senhora quer dizer com isso que não existe o dia do juízo final?"

Uma longa pausa colocou-nos em expectativa.

"Não! E revelo isso baseada em todo conhecimento que acumulei durante minha curta mas proveitosa existência."

De repente, sentimos uma forte sacudidela que provoca uma grande perda de energia no sistema eletromagnético de ILOÉ. AVOEJ, surgido como por encanto, alerta-me sobre o que estaria acontecendo:

"CAPTAMOS UMA FORTE EXPLOSÃO ATÔMICA EM SEU PLANETA TERRA."

Olhei imediatamente para todas as pessoas que ali permaneciam indecisas, sem saber que atitude tomar, quando um zumbido muito forte, como o soar de uma centena de sirenes de alarme, deu-nos uma idéia daquilo que realmente poderia estar acontecendo.

Uma parte da grande bolha, que protegia ILOÉ das radiações solares de seus sistemas, começava a se abrir para dar entrada à frota interespacial da federação galáctica dos planetas.

Os legisladores convocam AVOEJ para a CASA DAS DECISÕES. RAMSÍ coloca-se a meu lado tentando tranqüilizar-me. Eu, porém, ávido de informações, perguntei-lhe qual o significado da aparição dos membros da FEDERAÇÃO. Ela prontamente explicou-me: "Estamos muito preocupados com o que esteja acontecendo em seu planeta. Acho que a federação perdeu o controle sobre os homens que em sua terra pensam somente na destruição, nas guerras e nas provocações que trazem.

Há muitos anos-luz, tomou-se a deliberação de formarmos a FEDERAÇÃO. Firmou-se então o PACTO GALÁCTICO proibindo a guerra entre os mundos. Os beligerantes de todos os planetas revoltosos foram retirados de seus meios e levados para o GRANDE CONSELHO INTERPLANETÁRIO onde foram julgados.

O vosso planeta, por estar em permanente estado de beligerância, começou a criar nas órbitas de nossos sistemas OS TEMPOS CAÓTICOS, que nos trouxeram intranqüilidade e terríveis ameaças.

Todas essas ameaças foram devidas única e exclusivamente às maquinações daqueles que não desejavam render-se por meios pacíficos.

Isso tem provocado revolta entre os seres que compõem os nossos sistemas integrados e, por isso, eles pretendem tentar uma inversão em vosso sistema solar, criando uma órbita diferenciada, por meio de estímulos de freqüências tão elevadas que certamente provocarão uma mortandade tão violenta da qual só escaparão os homens pacíficos que estiverem atentos aos nossos chamados. E foi exatamente por causa disso que trouxemos você até aqui. Para explicar-lhe que a guerra precisa ser erradicada, suprimida, eliminada ou então o pior ocorrerá."

Perguntei-lhe aflito o que poderia ser o "pior", e ela prontamente respondeu: "Todas as impurezas existentes em vossa forma de vida serão lançadas no espaço sideral, e os abalos que se sucederão vão provocar rachaduras imensas na estrutura de vosso planeta que acabarão por destruir toda a forma de vida nele existente".

Diante de minha preocupação RAMSÍ levou-me até onde estavam reunidos os MEMBROS DA LIGA INTERPLANETÁRIA DOS VOLUNTÁRIOS ESPACIAIS, e apresentou-me a seu líder KLANDOR, que mui gentilmente deu-me a explicação:
"Caro irmão, a vida é energia. Não importa em qual dimensão as pessoas se encontrem. Mas essa energia pode ser totalmente anulada por diversos fatores que possam afetá-la. E isso acontecerá no exato instante em que se processe qualquer distorção nas camadas intermediárias, provocada, por exemplo, pela radiação que escape de uma explosão nuclear. Isso afetará sensivelmente toda a vida existente nos sistemas estáveis. E quem sofrerá com essas distorções? As almas. Todas as nossas almas sofrerão terrivelmente.

Existe um envolvimento muito grande nessas interligações de energias intermitentes que estão integradas em todos os planos e que possam interferir na grande consciência coletiva que orbita em torno dos universos, destruindo-a por completo. Isso afetará todos nós.

É imprescindível que as humanidades tomem conhecimento do cuidado e da paciência com que estamos sempre tentando realinhar as almas que tenham passado por essas experiências.

A totalidade dos métodos que os seres de nossas galáxias conseguiram desenvolver não foi ainda alcançada pelos seres que habitam o plano da TERRA. Por isso, todos nós da FROTA INTERGALÁCTICA estamos em permanente estado de expectativa, para que possamos polarizar o campo energético dessas almas, antes de remetê-las a outros sistemas de vida, protegendo-as no exato momento em que tal coisa se produza.

Estou falando da carência espiritual que se apossou das almas de vossa humanidade e da influência maléfica que isso acarretará, no instante em que tenhamos de suportar e manter a vida dessas almas que atualmente se desligam da entidade TERRA e entram em nossas atmosferas.

Meu caro irmão, por causa desse permanente estado de desarmonia, que você conhece melhor do que ninguém, todos nós poderemos ser levados à destruição.

Os deslocamentos dos valores intestinos da energia negativa, ao explodir de dentro para fora, trarão como conseqüência uma influência catastrófica sobre o globo terrestre em que habitais, e conseqüentemente deteriorará nossas camadas intergalácticas.

Queríamos e gostaríamos que pudesse ficar mais tempo entre nós para conhecer um dos mais importantes planetas de nosso universo, que há milhões de anos-luz encontrou a sua paz interna. No entanto, estamos vendo as coisas se precipitarem de tal forma que devemos apressar seu retorno à TERRA.

Nossos legisladores estão reunidos para fazer uma grande mentalização integrada, que suscite, com extrema urgência, a vinda de nosso grande mestre YESU a ILOÉ. Desejamos que Ele converse com você. Seus anjos seguidores estão preparando Sua vinda. A caravana não tardará a chegar.

Temos a mais irrestrita confiança de que tudo o que seja preciso fazer, para que o irmão leve daqui a preparação energética, psíquica e dinâmica necessária para cumprir sua missão, será feito.

Vamos transferi-lo para seu planeta com poderes especiais para que seja o ministro das forças potenciais, que desenvolverão os planos que modificarão os comportamentos inadequados, que possam afetar os seres de vosso mundo. Nós lhe passaremos todos os conhecimentos e as unidades de poder que o transformarão no catalisador de todas as energias que forjarão sua nova personalidade. Você partirá de ILOÉ como um novo homem."

E o líder da LIGA INTERPLANETÁRIA DOS VOLUNTÁRIOS ESPACIAIS abraçou-me em profundo estado de emoção, desejando com isso transmitir um pouco de sua força a este seu novo irmão de fé.

Afastando-se com seu porte garboso, acenou-me de longe com toda cordialidade.

Fui cercado em seguida pelos VESTAIS, por AVOEJ e RAMSÍ, que me indicaram orgulhosamente o local onde iria encontrar-me com YESU.

CAPÍTULO OITO

O ENCONTRO COM YESU

Ficava no alto de uma montanha radiosa que o sol de ILOÉ transformara numa verdadeira montanha de ouro.

Levaram-me até a entrada da gruta que possuía uma cortina de luz, para impedir que alguém pudesse ver o que se passava em seu interior.

Logo à entrada o GRANDE LEGISLADOR anunciou que YESU já estava me aguardando. Fiz uma mesura em sinal de respeito e agradecimento e, lançando por fim um último olhar a AVOEJ e RAMSÍ, entrei no recinto.

Havia uma claridade majestosa em seu interior. Tudo era de um branco radioso e fascinante. Havia quatro tipos de poltronas de cor vermelha, feitas de um material que nunca tinha visto antes, dispostas em círculo. Três seres estavam ali sentados e levantaram-se assim que cheguei. YESU era o mais alto deles. Seu semblante irradiava uma bondade infinita. Com um largo sorriso deu-me as boas-vindas. Beijei-Lhe as mãos respeitosamente. Um anjo de fisionomia calma e piedosa estava a seu lado. Era GABRIEL. Colocou suas mãos justapostas bem em frente a seu rosto e abrindo os braços desejou-me PAZ.

A terceira pessoa que ali se encontrava eu já tivera o prazer de conhecer. Era KLANDOR, o cavalheiro das galáxias.

YESU, tomando-me das mãos, disse: *"Filho, sede bem-vindo à CASA DO SENHOR!"* E, fazendo-me sentar na poltrona a seu lado, disse, acompanhando as palavras com um gesto largo de mãos: *"Ela está cheia de energia e amor. Que as bênçãos do PAI MABRAH estejam convosco em todas as ocasiões que nele confiardes. Vossa vida é para mim um livro aberto. Sei, por exemplo, que sois um apaixonado pela história da vida do vosso CRISTO. Que conheceis quase tudo que diz respeito à sua existência.*
Sei que lestes tudo que dele se escreveu e que dele se conta. No entanto, alguma coisa ainda te falta conhecer." E tomando uma respiração profunda voltou a falar: *"Há muitos anos-luz, meu Pai convocou-me para uma grande missão. Tentar salvar as vidas de um mundo recém-criado que estava necessitado de muita luz. Deu-me poder para unificar os seus muitos filhos. Esse mundo era ILOÉ.*

Quando cheguei a ILOÉ, era uma época muito difícil, onde as inúmeras disputas dividiam os seres que aqui habitavam.

Guerras terríveis, desentendimentos desastrosos. No meio dessa grande conflagração iniciei minhas andanças tentando apaziguar as gentes.

Fiz-lhes, então, uma afirmação que calou fundo em seus subconscientes, quando lhes perguntei o porquê dessa luta fratricida se afinal todos eram irmãos? Se o espírito do Pai era quem alimentava essa energia que estava em todos eles? É ela a fonte de toda a compreensão. O VERDADEIRO CAMINHO.

Graças às inspirações que meu PAI me concedeu, consegui a unificação de todos os seres que aqui habitavam. Havia porém uma raça arredia que não queria se comunicar com os demais. Eles jamais seguiram ao meus preceitos.

Foi por intermédio de vossa vinda a este planeta que se conseguiu o milagre. Um milagre que foi fruto de vosso destemor e principalmente de vossa prova maior de amor que oferecestes a todos estes seres que nem sequer conhecias. Esta foi a grande prova que lhes destes e a razão que me fez desejar vir até aqui para vos conhecer.

Mas vim também para revelar-vos algo que devereis guardar no mais íntimo de vosso bravo coração.

Mais tarde, quando o tempo chegar, podereis então transferir essa revelação que vos farei a todos os vossos irmãos na TERRA."

E fazendo uma pequena pausa olhou-me com ternura sem igual para dizer-me: *"Irmão querido, discípulo amado; não há preceito* maior que aquele que exorta o amor ao próximo como a nós mesmos. O amor é a circunspecção e a culminância da maior de todas as leis universais. Fomos responsáveis por alguns mundos que não estavam ainda dispostos a viver em paz, porque o apetite de poder que seus representantes maiores revelavam estava se interpondo no caminho das verdades que o PAI alinhara em seus destinos. Essa constante preocupação obrigou-nos a uma vigília permanente.

Em muitos casos obtivemos êxito e conseguimos sustar algumas situações emergenciais extremamente ameaçadoras e assim evitamos a chegada do caos. Isso, entretanto, não nos autoriza a crer que poderemos segurar a mão daquele que, inconscientemente, apertará o botão que dê início à hecatombe final. Veja, meu querido irmão no PAI, não são poucos os que estão dispostos a tentar, por meio dessas conspirações diabólicas, colocar um ponto final nestas vidas tão carinhosamente criadas por ELE."

Por alguns instantes, YESU calou-se para poder refletir sobre tudo o que me dissera.

Cada vez que eu olhava a figura deste santo, mais me vinha à lembrança outro ser maravilhoso e iluminado que vivera entre nós há quase dois mil anos.

GABRIEL quebrou a paz daquele lindo momento de reflexão, e completando o que tinha sido dito pelo MESTRE, observou: "É nosso dever estar sempre de vigília. Este pequeno grupo, em cujas mãos habita o controle do poder, é aquele que pensa ter autoridade para manipular as circunstâncias que geram os grandes conflitos. São exatamente estes os que podem levar os seres que vivem na TERRA aos seus dias finais.

Temos o dever de armar uma grande concentração em níveis espirituais.

Uma grande prova de amor e devoção a nossos irmãos terrestres. Prova que deverá ser dada por todos os que formam a grande massa de membros de nossas comunidades cósmicas, para que as almas desses infelizes se conscientizem das reais possibilidades da destruição que rondam seu planeta." E dirigindo-se especificamente a mim continuou:

"Fique ciente irmão de que algo verdadeiramente sério vai acontecer e provocar um movimento que atingirá todos os sistemas solares dos universos medianos."

KLANDOR, da LIGA INTERPLANETÁRIA DOS VOLUNTÁRIOS ESPACIAIS, levanta-se agitado para dizer: "Esta violenta forma de extinção da vida nos planetas sob nossa responsabilidade ainda não está inteiramente descartada.

Temos que formar uma força coesa, com a participação de todos os nossos irmãos espirituais, para evitar uma perturbação maior, proveniente de qualquer um dos campos de força existentes em nossos diversos sistemas solares.

Basta uma aproximação inesperada dessas cargas energéticas, como as que aliás já vêm sendo sentidas há algum tempo, para que tudo se precipite."

E olhando-me com certa tristeza no olhar, arrematou: "Querido irmão terráqueo, temos tantas coisas importantes para compartilhar com vosso povo, tantas conquistas de conhecimentos que ainda não lhes foi dado conhecer, que com certeza lhes permitiria um bem-estar muito mais completo, por meio de um crescimento espiritual muito maior."

Assim que KLANDOR terminou, YESU, tomando outra respiração ainda mais profunda, diz-me em seguida: *"Sinto que estas coisas acontecerão, no momento em que teus irmãos humanos evoluírem o suficiente, para poder entender essas novas revelações que os transformariam verdadeiramente em seres humanos. Seres humanos portadores de almas novas inteiramente enriquecidas com as bênçãos do PAI."*

Outra vez mais KLANDOR se levanta e conclui: "Somente a CONFRARIA INTERPLANETÁRIA poderá levar este ser então crescido a tomar conhecimento das informações científicas que ainda não lhe foram reveladas".

YESU coloca seu braço direito sobre o ombro de seu bravo guerreiro e, interrompendo-o, completa: *"Estes novos pensamentos criarão uma era de ouro que será responsável pela luz que lhes proverá toda essência mental para colocá-los em condições de receber, por intermédio do PAI, as grandes conquistas espirituais. Conquistas estas já inteiramente dominadas por nossos mundos intergalácticos. Estas seriam as grandes conquistas que lhes fariam eliminar as guerras e construir um novo plano de existência perene que sempre seria alcançado através do amor maior.*

E todos seriam tocados por esta grande vibração que se estenderia de todos os outros mundos, para ser compartilhada livremen-

te sob a forma deste mais perfeito amor. E tudo então se transformaria. E essa transformação lhes revelaria uma nova e magnífica TERRA, cheia de vibrações positivas, capaz de lhes conceder os benefícios de uma saúde perfeita e a paz eterna."
Meus olhos encheram-se de lágrimas. KLANDOR, percebendo-as, olhou-me no fundo de meus olhos para finalizar, dizendo: "Companheiro terráqueo, quando o povo da sua TERRA se livrar da mesquinharia que lhes chega através das emoções menores, todos serão estimulados à compreensão do verdadeiro amor que haverá de unir todos num só núcleo solidificado de pureza. E que MABRAH vos abençoe".
Uma vibração intensa tomou conta daquela gruta colocando-nos de pé.
Abraçados, formamos então um CÍRCULO DE AMOR.
YESU, encostando suavemente sua fronte na minha, deu-me sua palavra final: *"No dia em que isso acontecer, todos os universos ouvirão a grande mensagem que alcançará todos os seus mundos e que dirá apenas isso: Chegamos a ti por intermédio do PAI e em nome do SEU amor.*
E haverá uma grande festa nos céus. As naves de todos os teus irmãos e irmãs, de tantos outros mundos existentes nas mais diversas galáxias dos sete superuniversos juntas, estarão desejando-lhes a paz definitiva. E ela chegará carregada de bênçãos que refletirão a pureza dos verdadeiros sentimentos daqueles que estarão sempre a teu lado em qualquer emergência que possa surgir.
Que o senhor de todos os espíritos e o DEUS de todas as hostes celestes estejam permanentemente contigo. E que este seja o dia do grande alvorecer que haverá de trazer uma nova experiência de vida para todos os teus, fazendo com que desponte uma era de muita luz e muita felicidade para a raça humana. Uma raça de homens iluminados."
Intrigado pelas palavras do MESTRE, preparei-me para perguntar-lhe algo. ELE porém pediu-me permissão para antes trocar algumas palavras com KLANDOR. Enquanto aquela criatura maravilhosa se afastava, em minha mente fervilhavam as centenas de perguntas que gostaria de lhe fazer. Para minha felicidade, a conversa com KLANDOR demorou muito menos do que esperava e ELE, voltando a mim, disse cheio de ternura: *"Agora sou inteiramente teu. E esta nossa conversa vai ser muito importante para nós dois".*

Tomando-me das mãos reiniciou nossa conversação: *"Tu estais num mundo inteiramente estranho e não tens sequer idéia do momento do tempo em que nos encontramos agora. Devo dizer-te que não fizeste apenas uma viagem no espaço, mas fizeste principalmente uma viagem no tempo.*

Neste instante em tua TERRA teus irmãos estão vivendo próximos dos quatro mil anos antes de minha ida para lá, quando deixarei de ser YESU, para ser o vosso Cristo, o vosso JESUS!

Ao terminarmos nossa conversa, regressarei à ILHA ENCANTADA DO PARAÍSO, para cumprir as ordens de meu PAI e me preparar para partir com destino a teu mundo quase dois mil anos antes de tu vires para cá."

Fiquei tremendamente confuso, principalmente pela revelação que me tinha sido feita, de que estava num passado que nem sequer ousava suspeitar pudesse estar.

E YESU começa sua história dizendo-me: *"Eis que te vou contar exatamente o que acontecerá comigo no teu mundo, quando lá chegar. Esta é uma história que apenas uns poucos conhecem.*

Nascerei de pais terrenos, MARIA e JOSÉ, que são ESSÊNIOS, portanto, serei ESSÊNIO eu também.

Ao completar quatro anos de idade, meus pais me entregarão aos membros da Fraternidade Branca que habitam o mosteiro de MONTE KARMELO, que me privilegiarão com uma educação primorosa. Aos quatorze anos deixarei o mosteiro para em outros lugares beber novas fontes de conhecimento.

Depois de terminar minha peregrinação pelos lugares mais longínquos da TERRA, onde aprimorarei minha cultura e meus conhecimentos, com as grandes revelações a mim passadas por grandes artífices, concluirei meu aprendizado e receberei o título de MESTRE na GRANDE FRATERNIDADE BRANCA.

Ao retornar à GALILÉIA exercerei o ofício de meu pai até que aos vinte e oito anos de idade iniciarei a grande obra que me levará a cumprir a missão para a qual o PAI me enviará."

YESU fez uma pequena pausa para respirar profundamente e depois continuar sua narrativa.

"Agora conhecereis os verdadeiros detalhes de meu nascimento.

Como deveis saber, há nas proximidades de BELÉM uma gruta essênia situada justamente na estrada que demanda àquela cidade. Essas grutas, como também sabeis, são verdadeiros hospitais ou hospedarias, com quartos, salas, refeitórios e tudo o que de mais simples deverá existir naquela época. Meu pai JOSÉ, percebendo que minha mãe começava a dar sinais de estar sentido as dores do parto, instala-se numa delas.

Enquanto isso estiver acontecendo lá na tua TERRA, meu espírito estará se preparando na ILHA ENCANTADA DO PARAÍSO para sofrer a grande transformação: deixar o corpo de YESU para ingressar na nave que o conduzirá em fração de milésimos de segundos àquele lugar, onde, sob a forma de uma luz, penetrarei no corpo daquela criatura que irá nascer.

O gentio, os pastores e todos aqueles que se encontrarem perto da gruta onde nascerei verão uma estrela de grande brilho sobre a gruta, lá no alto do céu.

Enquanto meus pais aguardam o momento sagrado do nascimento, uma luz muito forte, vinda do alto, baixará sobre minha mãe MARIA. Quando esta luz diminuir de intensidade, seu brilho aumentará e a envolverá por completo até extinguir-se. Este será o momento exato em que meu espírito sairá da nave e penetrará na criança recém-nascida. A parteira que estará atendendo minha mãe, ao ver o brilho da luz, apressar-se-á para retirar o menino ainda envolto na placenta e terá suas mãos queimadas pelo calor abrasador daquela luz. Apesar das queimaduras ela sustentará a criança em suas mãos. A MÃE, ao ver o estado em que ficaram as mãos da pobre parteira, diz-lhe que, no momento em que o corpo do menino esteja limpo, bastará que ela passe as mãos queimadas sobre as costas do recém-nascido e as queimaduras secarão e ela ficará curada. E será exatamente desta maneira que a coisa acontecerá."

E olhando-me firmemente nos olhos completou: *"Talvez nunca tenhas ouvido semelhante história, porém, como muitas coisas conhecestes da vida do CRISTO, imaginei que se tivesses sabido deste fato gostarias de ouvi-lo de mim".*

Nada lhe disse, mas a realidade é que alguns dos livros mais importantes de minha biblioteca sobre as coisas do amado MESTRE já me haviam revelado este fato. YESU, imediatamente, captou este meu pensamento e sorrindo continuou a narrar sua epopéia.

"Atraídos pela luz majestosa daquela 'estrela', que na realidade, como sabeis, era a luz da nave espacial que me transportara, chegarão até a gruta TRÊS REIS MAGOS trazendo-me presentes. Na realidade, eles já sabiam antecipadamente da minha vinda e por

isso estavam ali. Eles tinham conhecimento de que um novo AVATAR chegaria ao mundo.

Gabriel, o anjo, surgirá diante de meus pais e lhes dirá 'eis aqui em humildade de espírito e em pureza mental o filho de DEUS. Protegei-o e criai-o em nome DELE'. No instante seguinte, desaparecerá deixando-me nos braços de meus pais terrestres."

Olhando-me ternamente, indagou-me: *"Não te estarei cansando com estas histórias que quiçá já tantas vezes escutaste?"*

Deus meu, como haveria de cansar-me de ouvi-las, se as estava escutando pela voz do próprio MESTRE?! — E retruquei-lhe, com toda ternura que pude colocar em minha voz naquele instante de tremenda emoção: "Meu bom YESU, ouvi-lo é para mim o mesmo que receber as bênçãos do SENHOR através das palavras de Seu próprio filho. E ele perguntou-me: *"Queres que continue?"*

Como não querer, se este era o momento mais importante de toda minha existência. E ELE continuou: *"Depois de presentearem meus pais com suas oferendas, os MAGOS seguirão diretamente para MONTE KARMEL a fim de prestar suas declarações sobre meu nascimento e deixarem ali todas as instruções oficiais aos guardiões da escola com respeito à minha educação durante toda a infância e adolescência. Tu bem sabes irmão eu nascerei de pais essênios, portanto deveis saber também a suma importância que eles dariam à minha educação exatamente por ser eu o primogênito.*

Mandava as leis essênias que deveria ser educado na ESCOLA DO MOSTEIRO no MONTE KARMEL, e que todos os tipos de ensinamento que deveria receber já estariam sendo imediatamente providenciados. Os MAGOS, naturalmente, já terão se encarregado de ao passar por ali dar-lhes conta deste mister.

Serei educado por professores e mestres magníficos, que por sua vez foram também educados em países distantes nas escolas da FRATERNIDADE, onde alcançaram os mais elevados graus em literatura e ética. Estes mestres é que iriam assegurar-me uma educação liberal como conviria à FRATERNIDADE ESSÊNIA.

De acordo com seus costumes, serei circuncidado e receberei um nome judeu: JOSÉ. No mosteiro, terei uma educação primorosa e tomarei conhecimento de todas as coisas que serão importantes para mim, a partir da hora em que deva assumir a missão que me confiou o PAI CELESTIAL.

Estarei tão bem preparado, que quando, aos quatorze anos, meus pais me levarem junto com meus irmãos a JERUSALÉM, encantarei os doutores e mestres da época ao ser submetido ao exame de meus conhecimentos sobre a doutrina, a liturgia, os costumes e hábitos da igreja judaica.

Durante esse exame formal, aos responder às perguntas e às questões categóricas relativas aos questionários, darei tantas explicações corretas com respeito a coisas doutrinárias e com uma intuição tão profunda e um idealismo tão superior, que lhes demonstrarão o meu maior respeito pelo lado místico das questões teológicas.

Ficarão tão surpresos os doutores com meus conhecimentos que me pedirão para permanecer aí um tempo mais após o término de meus exames.

Serei então conduzido à presença dos eruditos do GRANDE SINÉDRIO, e aí, novamente, me questionarão, pedindo que permaneça no recinto do templo até o dia seguinte.

Serei examinado uma vez mais, e desta feita por um tribunal constituído pelos maiores sábios, sacerdotes e eruditos judeus.

A surpresa e o vivo interesse dos doutores se fixarão exatamente na minha extraordinária intuição a respeito de temas religiosos, teológicos e principalmente místicos. Além, evidentemente, da clara e insofismável exposição que farei das leis espirituais.

Isso tudo, como sabeis, será devido única e exclusivamente aos maravilhosos mestres que terei na minha preparação cultural no MONTE KARMEL. Serão exatamente os conceitos, que com eles aprenderei, que assombrarão aqueles senhores que nunca poderiam sequer imaginar que tais ensinamentos se devessem às novas e superiores idéias transmitidas nas escolas da FRATERNIDADE."

Tive uma vontade louca de fazer-lhe algumas perguntas que continuavam martelando em minha cabeça, mas não tive coragem de interrompê-lo. ELE porém captou meu pensamento e disse-me: *"Não se acanhe. Temos muito tempo para conversar. Pergunte-me o que quiseres e te responderei com muito carinho".*

Foi então que me atrevi a fazer-lhe a pergunta sobre as declarações feitas em muitas obras escritas sobre sua próxima vida, principalmente numa obra maior chamada BIBLIA, que se contradizem com alguns dos conhecimentos que adquiri em fontes ligadas à GRANDE FRATERNIDADE.

YESU pacientemente explicou-me que será natural que isso possa acontecer, pois as muitas fontes que estarão ligadas à sua passagem pela minha TERRA contarão coisas corretas umas, e outras serão relatadas sem que seus autores tenham real conhecimento dos fatos. E continuou: *"Será por isso que surgirão inúmeras versões. Mas, fique tranqüilo que hoje você as conhecerá diretamente da fonte mais fidedigna e original".* E deu um largo sorriso que pôs à mostra seus dentes admiravelmente alvos.

Satisfeito na minha curiosidade, pedi-lhe que continuasse. E ELE continuou: *"Meu pai JOSÉ será então informado de que muito breve meus cursos de instrução preparatória estarão concluídos. De acordo com os regulamentos da FRATERNIDADE, deverei deixar a GALILÉIA para prosseguir meus estudos em outras escolas em terras estrangeiras, só voltando à PALESTINA depois de passados muitos anos.*

As instruções enviadas à escola do MOSTEIRO DE KARMEL foram explícitas no sentido de complementar minha educação, aprofundando conhecimentos sobre as mais antigas religiões, para depois graduar-me nos estudos das mais diversas seitas e credos que influenciarão de maneira definitiva o progresso da civilização.

Vou começar estudando, primeiramente, as religiões pagãs, para familiarizar-me com todas as suas formas de organização e também com suas crenças e seus rituais, de acordo com os princípios que me serão ensinados no EGITO.

Dois MAGOS virão encontrar-se comigo e prepararão minha ida para a ÍNDIA, numa viagem que levará quase um ano.

Durante outro ano e meio, freqüentarei uma escola monástica, onde travarei conhecimento com os importantes ensinamentos dos evoluídos ritos budistas.

Aí aprenderei a renunciar às coisas do mundo e a iniciar-me na prática da penitência. Conhecerei um MESTRE MAIOR que se encarregará de me transmitir esses ensinamentos. Tão dedicado ele se mostrará que me tomarei de grande afeição por ele.

Minha próxima escala será BENARES, onde continuarei meus estudos de línguas e outros temas similares nas grandes escolas de erudição. Interessar-me-ei profundamente pelos métodos de terapia dos HINDUS e farei um curso com o grande mestre UDRAKA, reconhecidamente o maior dos terapeutas.

Dois anos ainda permanecerei estudando as artes, as leis e a cultura dos povos que aí habitarão. Numa pequenina cidade cha-

mada KATAK, irei familiarizar-me com a nobre arte de instruir e professar ensinamentos por intermédio de parábolas."

YESU fez então uma pausa profunda e seus olhos encheram-se de lágrimas. Interpelei-o, para saber se alguma coisa lhe perturbava, e ele, respirando profundamente, retornou à narrativa com o semblante mais pesado.

"Sim. Alguns mensageiros virão a mim neste momento e me darão a notícia da morte de meu pai JOSÉ e me informarão que minha mãe MARIA estará inconsolável. Como não poderei afastar-me de meu aprendizado, escreverei uma carta à guisa de consolo, explicando-lhe que a missão do PAI nesta terra estaria terminada. Agora, serão as HOSTES CELESTES que irão guardá-lo e protegê-lo em seus novos caminhos."

Uma incontida lágrima teimosamente desce pelo seu rosto, e, tomando mais uma respiração profunda, contou-me que logo a seguir deixaria a ÍNDIA para ir diretamente ao TIBET, onde trocaria idéias importantes com o mais venerável de todos os sábios budistas. Prosseguindo com sua narrativa, conta-me ainda que iria para a PÉRSIA, onde em PERSÉPOLIS iria rever um dos magos que lhe visitaram na gruta essênia levando-lhe presentes no dia de seu nascimento.

"Um dia, meu querido irmão, os jovens instrutores do templo chegarão a mim para que lhes informe sobre quais seriam os princípios superiores que me fazem compreender as coisas apenas através da inspiração.

Vou esclarecer-lhes dizendo que os maiores ensinamentos que poderei transmitir serão aqueles que sempre encontrarei em meio ao silêncio, nos momentos em que me porei a meditar sobre qualquer coisa importante, e que serão captadas durante meus estudos e leituras.

No exato momento em que lhes revele isso, perceberei também eu que o poder da cura se revelará a mim neste instante e por meio das realizações que professarei e que serão frutos da fé ou, melhor ainda, das atitudes mentais e da harmonia com que se chegarão a mim os pacientes que melhores resultados apresentarão.

Depois de um ano na PÉRSIA, prosseguirei meu caminho no rumo do EUFRATES.

Na ASSÍRIA, também os MAGOS e SÁBIOS virão conversar comigo, atraídos pela forma com que hei de interpretar as leis espi-

rituais para mostrá-las sempre de maneira mística e simples. Meus poderes de cura estarão sendo aperfeiçoados rapidamente e as multidões que irão à minha procura se beneficiarão enormemente com eles.

Os MAGOS, que sempre estarão comigo acompanhando-me para onde quer que vá, me explicarão que o desenvolvimento da faculdade de cura será uma das provas definitivas no exame final da preparação para a minha última missão.

Seguirei com eles para a BABILÔNIA, onde conhecerei as ruínas dos templos majestosos, que no seu auge assistiram às provações e sofrimentos das tribos de ISRAEL quando lá estiveram no cativeiro.

Serei novamente conduzido por meus guias para a GRÉCIA, onde conversarei com muitos de seus filósofos, inclusive com APOLÔNIO, que me dará a conhecer os textos maiores da cultura grega. Meu próximo destino será ALEXANDRIA, onde visitarei seus santuários antigos.

Finalmente, ao voltar a HELIÓPOLIS, entrarei no SUPREMO COLÉGIO E TEMPLO DA FRATERNIDADE.

Conhecerei, nesta altura, os requisitos básicos para minha iniciação.

Um destes requisitos exigirá de mim três meses de meditação, oração e estudos vivenciados no mesmo lugar onde deverei viver.

Nesta altura já estarei preparado para que me testem nos contatos que os MESTRES DA FRATENIDADE estarão fazendo comigo no sentido cósmico ou psíquico, por meio de processos mentais. Quando chegar o momento de cumprir as provas, estarei pronto e passarei por todas elas.

Serei chamado à presença dos mais altos sacerdotes e receberei o TÍTULO DE MESTRE, quando então serei admitido no CÍRCULO SUPREMO como tal na GRANDE FRATERNIDADE BRANCA, devidamente preparado e qualificado."

Um apito estridente chama-nos a atenção. Algo de extremamente grave deveria estar acontecendo, pois YESU levantou-se imediatamente e chamando por GABRIEL fez-me conduzir à SALA DOS ESTRANHOS ACONTECIMENTOS EXTERNOS.

Ao chegarmos lá, o alarme geral da GRANDE TELA mostrava um crescimento acentuado nas águas de meu planeta. Alguém gritou: "É o DILÚVIO". E pensei: "Mas, meu Deus, não pode ser. O dilúvio aconteceu há milhões de anos antes da vinda do CRISTO ao nosso mundo. Bolas, se nós estamos no ano de mil novecentos e noventa e nove, como é que isso pode estar acontecendo agora?"

Como AVOEJ estivesse por perto, ao perceber minha angústia explicou-me: "O que prevíamos está acontecendo. A capa que envolve o globo terrestre tornou-se fina demais e em alguns pontos está começando a se romper. Os raios solares estão atingindo fortemente a camada polar e provocando o degelo. As águas estão aumentando cada vez mais".

Arrisquei então uma pergunta sobre qual poderia ser a conseqüência disso e AVOEJ explicou-me: "Com a subida das águas, a vida vegetal, animal, assim como a vida humana, se extinguirão na TERRA. E ela ficará inteiramente limpa de novo. Sem ninguém para a habitar. Isso já aconteceu outras vezes, quando inclusive, numa destas oportunidades, desapareceram os grandes animais que habitavam o planeta".

Claro, foi assim que desapareceram os BRONTOSSAUROS, os PTIRODÁTILOS, os grandes MAMUTES, os DINOSSAUROS e toda uma leva de animais gigantescos que viveram há milhares de anos na TERRA. Da mesma forma, assim também sumiram os homens gigantes com mais de dois metros e meio de altura que viviam no planeta. E na tela imensa continuávamos a assistir às águas subindo e destruindo tudo.

YESU, já mais calmo, voltou a nós e explicou-nos: *"Isso durará quarenta dias e quarenta noites. Podemos voltar ao salão a fim de que termine de contar-te toda a história de minha vida como o CRISTO no teu planeta".*

E voltei a ouvir a narrativa do MESTRE!

"Minhas andanças por todas estas terras serão acompanhadas sempre pelo gentio e pelos homens sem esperanças, pois minhas palavras lhes servirão de consolo e advertência. Também os doutores e os fariseus, os ortodoxos e os que não me crêem me seguirão.

Apenas estes o farão de outra forma.

Intrigando-me, desvirtuando minhas palavras e minhas idéias, e apresentando-me aos ROMANOS como se os meus ideais fossem de conquistas. Claro que serão ideais de conquistas, mas de conquistas de almas e não de conquistas territoriais.

No entanto, alguns daqueles a quem estarei tentando salvar serão exatamente os que me intrigarão e venderão. Um dia serei julgado e condenado a morrer numa cruz, ao lado de dois ladrões."

Curioso, perguntei-lhe se ele seria verdadeiramente o nosso CRISTO e se realmente morreria na CRUZ por nós, os terrestres. YESU, depois de uma longa pausa, continuou: *"Esta é outra das muitas coisas que se contarão a meu respeito.*
A realidade será bem diferente do que realmente acontecerá.
Já te disse uma vez que os essênios, meus irmãos de raça, me seguirão sempre para onde quer que vá. Serão eles, inclusive, que me descerão da cruz para levar-me até a casa de JOSÉ DE ARIMATÉIA, que também estará entre eles.
Uma vez lá, serei curado pelos terapeutas do mosteiro de KARMEL que aí estarão com a finalidade de atender-me e curar-me.
Em seguida me farão montar num burrico, colocarão uma manta sobre minha cabeça para que ninguém me veja sair dali, e me levarão para o mosteiro onde permanecerei até desencarnar aos setenta anos de idade."
Estranhando essas declarações, indaguei-lhe sobre a versão da última conversa com seus discípulos na última ceia e se ela realmente teria acontecido. Perguntei-lhe ainda se a RESSURREIÇÃO teria se realizado como narram as versões da BÍBLIA. YESU pediu-me calma e disse que eu tomaria conhecimento de tudo o que realmente tivesse sucedido, na hora devida.
Eis que RAMSÍ entra na sala com uma bandeja contendo aquele fantástico suco de DRUPA, que sorvemos com sofreguidão, pois a sede era grande.
Após tomarmos o suco, YESU continuou: *"Combinei então com meus discípulos que dentro de mais algumas semanas estaria novamente com eles para lhes pôr a par de minha mensagem final. E disse-lhes que em seguida subiria aos céus.*
Isso tudo, porém, fazia parte de um plano preconcebido da FRATERNIDADE BRANCA, para que todos realmente pensassem que eu tivesse morrido. Este encontro seria marcado para dentro de quinze dias.
Na data aprazada, me apresentarei diante de todos para cearmos juntos antes do pôr-do-sol.
Durante a ceia lhes falarei, dando-lhes a ordem para que sigam humildes o mesmo caminho que sempre trilhei, e para espalhar entre os povos a GRANDE VERDADE de que SOMOS TODOS IRMÃOS. E, como irmãos, deverão ajudar-se mutuamente a propagar com fé que O REINO DO PAI será a PRÓXIMA MORADA.

E então lhes farei um pedido: de que não falem do JESUS HOMEM.
Minha pessoa física tem pouca importância. O mundo poderia até esquecer meu nome.
O que seria realmente importante é que lançassem as bases de uma fraternidade imensa, onde existissem apenas as doações mútuas e a união definitiva das forças criadoras.
O ideal seria que consolassem o HOMEM, por meio dos atos que todos pudessem praticar repetindo sempre as palavras que o PAI colocou em minha boca.
Vou exigir-lhes ainda que não criem DOGMAS em meu nome, nem em nome do PAI. O DOGMA é humano. Eu e meu PAI não somos.
Insistirei para que se dediquem a falar de nossas obras, para que possam multiplicar a nossa harmonia e que jamais imponham às pessoas qualquer lei.
Explicarei a eles que meu principal desejo seria de que não criassem em torno de mim a auréola de que seja um novo DEUS.
Os DEUSES sempre usaram as máscaras de chefes militares calcados na máscara humana.
Pedirei que ensinem às multidões a se tornarem parte de meu coração, pois será através dessa forma que eles se fundirão com o coração de meu PAI.
Que sejam homens que se identifiquem pela LUZ que levem dentro de cada um.
Ordenarei que mostrem aos povos que minha vida foi e será sempre um reflexo da vida dos homens que andam de pés descalços, explicando-lhes que há menos distância da planta dos pés até o coração do que a lógica dessa terra possa imaginar.
Não desejaria pois que manipulassem os termos de uma crença cega e beata.
Que eu não os terei preparado para que recebam o credo de uma nova fé, mas lhes pedirei que falem sempre em minha memória, mas que não fundem religião alguma. O mundo já teve conhecimento de demasiadas religiões, todas elas nascidas à sombra de seus DOGMAS.
Apenas vivei e deixai viver. Ouvi e fazei ouvir. Pensai, e aprendereis a pensar, mas nunca devereis impor vossos conhecimentos, e sim fazer com que as pessoas amem a BUSCA DA VER-

DADE. *Pois será através dela que elas enxergarão a LUZ. Na verdade é aí que reside o PAI. E o pensamento é a essência desta LUZ. Deixai pois que eles aprendam a pensar.*

E vou implorar-lhes uma vez mais para que não falem de mim, mas de meu coração que deverá estar dentro de cada um. Ensinai a todos a ter sempre vontade de amar, pois isso é tudo que o PAI lhes pede.

Ao terminar a ceia, convidarei todos para ir para fora aproveitar a claridade do sol. Em seguida, subiremos o morro e ao chegar lá no topo me colocarei de costas para o sol e de frente para eles.

O sol formará um 'halo' irradiante em torno de minha figura e dará a todos a impressão que estarei me tornando etéreo e que a qualquer instante poderei desaparecer.

No momento em que o sol se pôr, todos deixarão de me ver. Enquanto forem buscar as tochas para acendê-las, terei montado em meu burrico que estará à minha espera atrás do morro, e com um grupo de essênios meus fiéis seguidores iniciarei a viagem de volta para o mosteiro situado no MONTE KARMEL, de onde não mais sairei até minha morte aos setenta anos." pp

Emocionado por aquelas revelações, perguntei ao MESTRE o que teria feito ELE durante esse tempo que permaneceu no mosteiro e ELE me informou que se dedicou à preparação dos inúmeros que se espalhariam pelo mundo, para fazer com que se tornasse conhecida a única e verdadeira mensagem que deixaria para a posteridade. A mensagem de que somos todos filhos do mesmo Pai, e irmãos portanto, e como irmãos deveremos sempre ajudar-nos uns aos outros. E disse ainda a eles que preparassem os novos irmãos que viessem para que também eles possam descobrir os caminhos que levam ao PAI. E, finalizando, fez-me saber que sua derradeira mensagem seria para que eles sempre se preocupassem com os humildes e com os pequeninos, porque deles será o REINO DOS CÉUS.

GABRIEL pôs-se de pé e disse a YESU com muita ternura: "Querido MESTRE, chegou a hora em que deveis dar conhecimento a este nosso irmão do teor de sua missão, para que em seguida possamos voltar à ILHA ENCANTADA DO PARAÍSO".

YESU levanta-se e olhando-me mais profundamente do que das outras vezes, fez-me a grande revelação: *"Para aqui te trouxemos a fim de que pudesses cumprir um mister. Tens o dom da palavra e, através dela, deveis convocar vosso povo à renúncia dos hábitos que os levarão certamente ao processo de sua autodestruição. As camadas que estão em volta da TERRA para protegê-la, novamente, como há milhões de anos, estão se deteriorando. Vá, antes que seja tarde. E que MABRAH VOS PROTEJA".*

E beijando-me a fronte despediu-se para seguir com urgência rumo à ILHA ENCANTADA DO PARAÍSO. Mas, ainda uma vez mais se volta para completar, captando minhas dúvidas finais: *"Após este dilúvio a que assististe, surgirá um planeta, do qual nunca tomaste conhecimento de sua existência, pertencente a teu sistema solar, e cuja órbita em torno do sol de teu universo tarda três mil anos a se efetuar, para novamente trazer a vida para a vossa TERRA.*

Os que o conhecem, chamam-no MARDUK.

Quando as águas do dilúvio baixarem e a terra ficar inteiramente seca, dele virão as naves que trarão em seu bojo aqueles que de novo irão povoar o seu planeta.

Nelas virão os doadores de vida e alguns cientistas que irão montar na Mesopotâmia o primeiro laboratório genético do teu mundo. Com a ajuda destes doadores de vida e o auxílio de alguns cientistas criadores deste projeto inusitado, surgirão as primeiras formas de vida nascidas em provetas. Deste primeiro laboratório, surgirão os homens brancos.

Um segundo laboratório será montado nas regiões onde hoje se situa a África do Sul e irá miscigenar o gene dos doadores de vida com uma nova composição genética que dará origem aos homens da raça negra aí no sul, e os da raça azul, mais ao norte na altura da África Setentrional.

Um terceiro laboratório será instalado na região onde hoje se situa a Ásia Central. Aí, os cientistas de MARDUK, sempre auxiliados pelos doadores de vida, irão criar a raça amarela, fazendo nascer o homem asiático, de pele amarelada e estatura mediana.

Finalmente se instalará um quarto laboratório do outro lado do mundo, na faixa onde se situa atualmente o estreito de BHERING no Alasca, onde nascerão os homens vermelhos.

Assim surgirão os seres desta nova humanidade da qual no teu ano de nascimento serás fruto dela."

Percebi de repente que o tempo de YESU em ILOÉ estava se esgotando. Seu corpo estava começando a ficar transparente e como um sopro sumiu dentro da nave que estava lhe aguardando e que se projetaria em segundos para o ESPAÇO SIDERAL, como se tivesse sido tragada pelo mesmo.

Fiquei paralisado de emoção. AVOEJ foi quem me tirou desse torpor, fazendo com que eu me integrasse de novo na realidade de seu mundo. Em seguida comecei a preparar-me para enfrentar a grandiosa tarefa que ELE me havia encarregado: mudar completamente a mentalidade dos seres humanos, para fazê-los aceitar com mais respeito e dignidade os caminhos que nos levarão um dia aos braços desta energia maior que provém do PAI CELESTIAL.

Compreendi então que teria de partir em busca de milhões de aliados, para com eles empreender a tarefa maior da reconstrução de nossas reservas morais e poder viver uma vida digna, onde não existam nem discriminações, nem ódios sedimentados.

Ao voltar à TERRA, hei de tentar com todo esforço buscar a forma de entendimento que possibilite os projetos, alavancados na verdadeira FÉ, serem realizados através do AMOR e conseguir assim o milagre da INTEGRAÇÃO. Neste dia, comemoraremos todos, ricos e pobres, dirigentes e dirigidos, o momento maior desta união que nos possibilitará o encontro da VERDADEIRA PAZ sonhada há tantos anos.

AVOEJ aproximou-se de mim vagarosamente e pesando as palavras com que iria dizer-me o que tinha para falar, chegou bem próximo, colocou seu braço suavemente sobre meu ombro e falou-me:

"Estou pensando seriamente no drama que tens pela frente irmão.

Acho que realmente nada mais tens a fazer por aqui, embora sinta dentro de mim uma tristeza imensa por teres de partir, quando tanto minha admiração quanto meu respeito mais desejam que permanecesses conosco.

Ao mesmo tempo, encaro com aflição o projeto que tens a cumprir, assim como o compromisso que assumistes com o mestre YESU de realizar a grande missão que te espera e que tenho certeza tão bem saberás desempenhar."

A chegada de RAMSÍ, com uma tristeza muito grande no olhar, denunciava o sentimento de pesar que sentia pela iminência da minha partida.

Ao envolver estes dois novos e definitivos amigos num abraço fraterno, digo-lhes com toda ternura que tive a felicidade de viver uma aventura que jamais em toda a minha futura existência poderei esquecer.

ILOÉ representará para mim o sonho maior de um louco sonhador que agora, mais que nunca, acreditará que VALE A PENA SONHAR.

CAPÍTULO NOVE

DE VOLTA À TERRA

Finalmente chegou o dia.
A nave preparada, toda uma multidão de seres representativos daquele planeta único ali estava no ESPAÇOPORTO para despedir-se do amigo.
Abre-se a porta e AVOEJ aponta-me para a mesma autorizando meu ingresso.
Sigo orgulhoso, cabeça erguida, acenando para a multidão imensa e silenciosa que presta sua última homenagem ao visitante ilustre.
AVOEJ segue-me de perto e percebe que, ao chegar à entrada, mostro-me indeciso.
Na realidade, não sei o que fazer, o que dizer para agradecer tanta fidalguia. Viro-me de repente, atiro-lhes um beijo e com os braços simulo envolver todos num grande abraço fraternal, e entro na nave. A nave que me conduzirá de volta a meu planeta para que inicie minha GRANDE MISSÃO.
Todos os pequeninos seres a postos. A um comando do líder, inicia-se a operação de regresso.
Fechada a porta vagarosamente, uma languidez me deixa enternecido.
Tomo meu assento. AVOEJ assume o comando. A nave parte. E ILOÉ vai desaparecendo rapidamente de minha visão, permitindo que se me comprima o coração numa saudade que vai doer por muito tempo.

Num piscar de olhos, vejo de repente os contornos de meu paraíso terrestre. Uma emoção muito forte toma conta de todos os meus sentidos e as lágrimas brotam abundantemente de meus olhos. A nave paira alto sobre minha casa e lá de cima avisto meu banco predileto, de onde parti para esta aventura maravilhosa, vazio, aguardando minha volta.

AVOEJ aproxima-se à guisa de um último adeus e diz-me: *"Querido amigo, aqui te deixamos em teu lar. O tempo que passaste entre nós foi suficiente para que nós todos de ILOÉ aprendêssemos a estimar-te. Não encontro as palavras corretas que possam expressar verdadeiramente o que sinto neste momento.*

Mas creia, na hora que necessitares de nossa ajuda basta um pensamento, um simples pensamento, e em fração de segundos estaremos a teu lado. Adeus amigo".

E ficamos nos olhando por um tempo muito grande.

A um gesto seu, abre-se a porta da nave e a mesma luz que no início desta loucura me levou a ela me traz agora de volta a meu lar.

Dou alguns passos à frente até ser totalmente envolvido por ela e, lentamente, começo a descer na direção de minha varanda, onde toda essa aventura começou.

De pé, já no chão, veja a luz ser recolhida e olho lá em cima aquela nave imensa agitando-se duas vezes como que a dizer adeus, para em seguida partir, no início vagarosamente e, depois, numa velocidade espantosa, sumir no grande espaço do céu.

Sento no meu banco predileto e começo a pensar.

Será que tudo isso que vivi foi real?

Ou faz parte de um grande sonho do qual apenas desperto agora?

Abre-se a porta da sala e eis que surge minha mulher para perguntar-me se não iria dormir. Olhei-a e percebi então que não se passara um minuto sequer desde o instante em que a nave me levou e me trouxe de volta.

Abracei-a ternamente e, envoltos um no braço do outro, entramos.

Enquanto caminhávamos vagarosamente para o quarto, pensava se deveria contar-lhe ou não toda essa loucura que vivera. Na dúvida, dei-lhe um beijo terno e fomos dormir. Talvez amanhã, quem sabe?

Ao despertar no dia seguinte, minha mulher pergunta-me: "Que aconteceu que falaste a noite inteira coisas desconexas que não pude compreender?"

Desconexas? E volto a indagar-me: Não teria sido realmente um sonho?
Foi quando minha mulher me fez um comentário: "Vistes o que deu ontem na televisão?" Não! Claro que não. Nem poderia. E perguntei-lhe o que é que tinha dado ontem na televisão. E ela sem querer provocou o terror que se estampou em minha face: "Vão fazer um teste atômico monstruoso no atol de Mururoa".
Meu Deus. Então é verdade. Não foi um sonho. Tudo aquilo que me foi predito em ILOÉ está realmente prestes a acontecer.
Tenho que tomar uma providência urgentemente. Mas, com quem falar?
O presidente da ONU? O presidente dos Estados Unidos? Da França? Da Alemanha? Meu Deus, a quem me dirigir?
Minha mulher, percebendo minha preocupação, pergunta-me qual a razão de estar assim tão angustiado. Deveria contar-lhe? E deixá-la também preocupada. Não! Melhor não. O problema é meu. Eu terei que resolvê-lo.
Disse-lhe apenas que talvez tivesse que fazer uma viagem.
Levanto-me e vou até a sala de televisão, com a intenção de ver se davam alguma notícia a respeito do que ela me falara. Ligo a TV e fico na expectativa, enquanto minha esposa prepara um chá para nós dois. Não se passam dez minutos e vem a notícia que aguça ainda mais minha preocupação.
De diversos pontos do mundo chegavam informações relativas a inúmeras pessoas que haviam avistado discos voadores. Mas o que me deixou mais perplexo foi a notícia de que várias pessoas haviam avistado uma nave espacial fortemente iluminada sobre um ponto bem próximo da divisa entre ITATIBA e VALINHOS.
Então, pessoas haviam avistado a nave que me trouxera de volta. Não fora pois um sonho. Tudo aquilo que ainda estava fortemente marcado na minha mente de fato acontecera. E o pior, as revelações que lá me foram feitas estão se confirmando. Essa explosão de que falaram ainda há pouco não pode acontecer. Esses loucos vão desencadear a hecatombe final.
Ainda meio aturdido por perceber que o processo havia sido detonado mais rapidamente do que poderia imaginar, resolvi isolar-me na minha sala de música e concentrar-me para que meus amigos extraterrestres pudessem me dar alguma inspiração, um caminho, algo que me permitisse parar essa loucura. Pedi à minha mulher que

preparasse o almoço, enquanto me fechei na sala para poder me concentrar e tentar a conexão. A resposta veio imediata e precisa.

"Estamos aqui a teu lado. É KLANDOR teu amigo quem está a teu lado e que te fala. Vou explicar-te o que faremos. Vamos bloquear as mentes de todos os envolvidos nesta história, para dar um tempo, a fim de que possamos encontrar a solução e passá-la a ti."

Fiquei mais aliviado. Meus amigos estavam atentos. Precisávamos encontrar uma saída urgente. Mas, aonde ir? A quem procurar? E será que crerão na história que lhes contaremos? Meu Deus, que terrível pesadelo.

Mas eu acredito na minha força mental. Eu sei que a solução virá imediatamente. Tenho de crer. Essa é a minha FÉ. E a Fé é a coisa mais importante que possuímos. A resposta não vai demorar.

Durante dez minutos permaneço em silêncio, mãos levantadas e espalmadas para o alto procurando captar a energia que talvez esteja me faltando. Após alguns minutos, começo a sentir as vibrações da energia que, penetrando através das palmas de minhas mãos e descendo pelo antebraço, vai progressivamente acumulando-se em toda a região dos feixes nervosos que cruzam sobre meu pescoço, indo guardar-se em meu subconsciente. Daí, essa força cósmica, atuando direto em meu cérebro, começa a ativar minhas emoções, fazendo-me perceber que estou me fortalecendo rapidamente e sentindo que a qualquer instante a resposta virá.

Noto então, cheio de curiosidade, uma luz muito clara que me envolve fortemente.

Olhando através da janela, vejo uma pequena nave estacionada lá fora, poucos metros acima de minha varanda. Abre-se a porta e surge aquela mesma luz que me transportou pela primeira vez para dentro de uma outra nave.

Inverte-se agora o processo e traz alguém de lá de cima para colocá-lo em minha varanda. Levanto-me do lugar onde me encontro, abro a porta e vou recebê-lo.

Reconheço imediatamente aquela figura tão querida.

É KLANDOR, o grande guerreiro intergaláctico. Sua fisionomia contraída, porém, me deixa preocupado.

E ele diz: "Irmão!", e envolvendo-me num abraço fraterno, continua: "A grande tragédia parece que está prestes a consumar-se. Não sei se terás chegado tarde demais. No entanto, como teus pensamentos vieram diretos à minha mente, e sentindo o desespero que deveria estar se abatendo sobre ti, resolvi vir imediatamente para que pudéssemos conversar".

"Que bom que você veio, meu amigo. Realmente não sei o que fazer, a quem procurar, ou se até mesmo me ouvirão... Sei lá! Enfim, amigo, estou muito indeciso e extremamente preocupado."

E ele, sentando-se a meu lado, ponderou: "Quem te parece ser a pessoa mais importante de teu planeta neste momento?"

Respondi-lhe que talvez o PAPA, ou o Presidente dos Estados Unidos...

E KLANDOR insistiu: "Tu achas que vale a tentativa?" Respondi-lhe que sim. Era preciso tentar. E ele informou-me: "Nossas naves estão todas em volta deste planeta.

A uma ordem minha os seres escolhidos serão resgatados antes que a tragédia se consuma. Trago um convite de AVOEJ e RAMSÍ para que partas com os teus a caminho de ILOÉ.

No entanto, há um planeta do qual já ouvistes falar, pertencente ao sistema solar do teu universo, que está entrando novamente em órbita solar e que se encontra totalmente limpo. Seus habitantes desapareceram num dilúvio semelhante ao que aconteceu na TERRA, deixando lá tudo ainda funcionando. Quem sabe podereis lá começar uma nova vida, já que a vida que hoje aqui existe é fruto dos que vieram de lá há muitos séculos.

Nossa Frota Intergaláctica dos Voluntários Espaciais está totalmente preparada para a grande retirada. Tudo depende de ti. Uma palavra tua e tomaremos a nossa decisão. No entanto, se me disseres que vale a pena uma última tentativa, aqui está teu irmão para ajudar-te no que precisares."

Mais uma vez convenci-me de que realmente estava diante de um ser especial e disse-lhe com toda firmeza possível que deveríamos fazer a derradeira tentativa. Abraçamo-nos fraternalmente durante alguns minutos.

Mas a quem iríamos procurar nesta derradeira tentativa? Fiz a pergunta a mim mesmo, porém quem a respondeu foi KLANDOR.

"Há um ser em vosso planeta, um homem venerável, que por diversas vezes entrou em contato conosco falando de suas apreensões.

Creio deva ser ELE a pessoa a quem devemos procurar, pois, além de possuir uma força mental extremamente poderosa capaz de fazer parar com tudo isso, tem o poder de controlar uma extraordinária massa popular que pode sustar essa loucura de uns poucos que querem acabar com teu mundo."

Entusiasmado por estas informações, perguntei-lhe quem seria esta pessoa e se eu a conhecia? E KLANDOR me disse que sim, que eu a conhecia, pois o mundo religioso tem por ele um respeito muito especial.

Indaguei-lhe então, com uma curiosidade muito grande, quem seria.

KLANDOR, muito sério, completou: "O DALAI LAMA, que neste exato momento encontra-se em MUSUORI na ÍNDIA, onde se declarou chefe do governo TIBETANO no exílio".

Considerando a hipótese, perguntei-lhe se poderíamos ir até lá. Bastou-me pensar nisto para que a luz nos colocasse imediatamente de volta à nave. Uma vez lá, fecha-se a porta, partimos numa velocidade inacreditável e, em fração de segundos, estávamos sobre a residência do LAMA na ÍNDIA.

Aquela luz forte sobre a mansão do GRANDE MESTRE provoca uma movimentação violenta lá embaixo, fazendo com que os guardiões tibetanos se colocassem em alerta.

E KLANDOR me diz então que iríamos descer de maneira totalmente diferente. Nos transportaríamos mentalmente à sala íntima do DALAI LAMA, sem que ninguém mais percebesse nossa chegada, pois ele já o havia avisado desde minha casa, quando então comunicou-se mentalmente com o LAMA, pondo-o a par de nossa visita.

Uma sala enorme, discretamente decorada, mas com extremo bom gosto, foi o local escolhido pelo LAMA para nos receber. Chegamos antes de sua aparição e ficamos na expectativa de sua presença. KLANDOR e eu estávamos tensos, mas confiávamos que a recepção seria carinhosa.

Uma figura magnífica entra por uma porta toda trabalhada artesanalmente, verdadeira jóia de arte em madeira de lei. KLANDOR toma a iniciativa e saúda-o beijando-lhe as mãos. Olho no rosto do DALAI LAMA e percebo a VERDADEIRA PAZ da qual tanto me falara YESU em ILOÉ. Sua fisionomia tranqüila coloca-nos inteiramente à vontade. E é exatamente ele quem inicia a conversa.

"Vossa preocupação também é a minha. Venho sentindo vibrações estranhas, que me fazem intuir coisas terríveis, durante meus momentos de meditação. Isso me leva a pensar no pior. Acho de suma importância uma declaração ao mundo. Algo que seja feito de forma contundente, para mostrar a realidade catastrófica iminente. Filho..." — E disse-me olhando no fundo de meus olhos: "Se o que pretendes é chamar a atenção da humanidade, devemos traçar estes planos imediatamente".

Foi a vez de KLANDOR dirigir-se ao eminente líder religioso, para apresentar-se: "EMINÊNCIA, não me conheceis. Sou o comandante da LIGA INTERPLANETÁRIA DOS VOLUNTÁRIOS ESPACIAIS, e estou chegando diretamente do planeta SATURNO para esta conversa que é a razão explícita de minha presença aqui.

Da mesma forma que vossa eminência, sou também um líder em meu mundo.

Minha nave espacial possui os meios de produzir o efeito que desejamos para chamar a atenção de todos os seres deste planeta. Minha idéia é de que partamos imediatamente rumo à sede da ONU, para no momento em que lá chegarmos fazer uso de uma verdadeira parafernália que induza aquela gente a nos escutar."

Foi a minha vez então de dirigir-me ao LAMA, para explicar-lhe que acabara de chegar de uma viagem única, feita a um planeta fora de nosso sistema, onde tive a oportunidade de travar conhecimento com a figura maravilhosa do senhor JESUS CRISTO.

E foi justamente ELE que me pôs a par de todos esses problemas que estariam por acontecer em nosso mundo, conclamando-me a voltar imediatamente e denunciar aos povos deste planeta o que estaria por suceder.

Com meu regresso ao lar, instalou-se a dúvida em meu subconsciente.

Qual deveria ser a atitude a tomar de imediato?

E vieram-me à mente os nomes das pessoas mais importantes da TERRA.

Mas foi a chegada de meu irmão KLANDOR quem possibilitou a lembrança de vosso nome. Imediatamente concordei, e ele trouxe-me à Vossa Presença para que tivéssemos esta conversa

"Muito bem — exclamou o LAMA. — Não podemos perder mais tempo. Vamos!"

A luz veio diretamente da nave até onde nos encontrávamos e fomos alçados por ela em fração de segundos. O DALAI LAMA, ao pisar o centro da nave, disse empolgado que aquilo era algo sobrenatural. Convidados a sentar por KLANDOR, assim o fizemos.

Partimos imediatamente na direção do edifício da ONU do outro lado do mundo, na AMÉRICA. Quando a nave parou sobre o prédio, instalou-se a confusão lá embaixo. Começaram a surgir milhares de curiosos.

Imediatamente chega a polícia, o exército, os repórteres, a televisão.

KLANDOR, usando um sistema de amplificação sofisticadíssimo, começa a falar; e sua voz foi ouvida a quilômetros de distância.

"Viemos em PAZ. Somos representantes de dois mundos completamente diferentes, mas ligados por uma só ideologia. Acreditamos na força do poder mental, e de que através dela seremos capazes de nos entender perfeitamente.

Rogamos a todos os senhores que se encontram aí embaixo que se preparem para nos receber. Eu sou KLANDOR, do planeta SATURNO e LÍDER DA LIGA INTERPLANETÁRIA DOS VOLUNTÁRIOS ESPACIAIS!

A meu lado está um dos maiores líderes religiosos deste planeta, o DALAI LAMA, que junto conosco veio até aqui para fazer um alerta e um chamamento às nações de todo o mundo.

Gostaríamos de ser recebidos pelo excelentíssimo senhor Presidente das Nações Unidas, pois com ele pretendemos manter uma conversa para expor-lhe o grande perigo pelo qual este planeta está atravessando.

Temos também conosco um ser humano maravilhoso, desconhecido de todos os senhores, mas que foi encarregado de uma missão extraordinária. Conquistar junto com todos nós a PAZ UNIVERSAL.

Esperamos ser recebidos com a maior tranqüilidade, pois o que nos move é o poder do AMOR.

Somente através DELE poderemos nos sintonizar como seres racionais que somos, buscando as soluções que representam a saída milagrosa, para o grave problema que iremos enfrentar neste momento crucial de nossa humanidade."

Fez-se um silêncio total. Todos os que estavam ali, diante do edifício da ONU, se calaram. De repente, uma bandeira branca é agitada dando o sinal de segurança para que pudéssemos descer.

A mesma luz que sempre nos leva e traz da nave acende-se uma vez mais para nos transportar até o chão. KLANDOR, que trouxe consigo o pequeno, porém potente, sistema de amplificação, passa a palavra ao grande DALAI LAMA que inicia o seu discurso.

"Meus irmãos. Gostaria que todos escutassem atentamente esse alerta. Chegou até nós a notícia de que está sendo programada uma explosão atômica de potência extraordinária com uma quantidade de megatons capaz de produzir o maior desastre que nosso planeta tenha experimentado. Peço ao Grande Líder do Universo, o senhor de nossos pensamentos, que estimule o bom senso naqueles que estão à frente dessa experiência para que a mesma seja interrompida. E que jamais ela volte a ser programada, ou o mundo desaparecerá, despedaçando-se em centenas de milhares de pequenos meteoros que vagarão pelo espaço para destruir outras vidas em outros mundos que estão à nossa volta.

Quero que ouçam principalmente o alerta do senhor KLANDOR, vindo especialmente do planeta SATURNO, LÍDER da LIGA INTERPLANETÁRIA DOS VOLUNTÁRIOS ESPACIAIS, que tem algo muito importante a lhes comunicar."

O DALAI LAMA afasta-se para dar lugar a KLANDOR, que, com sua figura imponente e majestosa, começa pausadamente, mas com absoluta tranqüilidade, a dar o seu recado.

"Irmãos. A explosão que pretendeis realizar será aquela que acenderá o estopim do grande desastre. No entanto, se vos unirdes, abandonando este e outros projetos de tentar incendiar o mundo com explosões desta natureza, podereis sobreviver nesta própria terra onde ainda se encontram.

Mas, se insistirdes nestas demonstrações de poder, que na realidade não possuem o real valor do poder que lhes devesse corresponder, a vida neste planeta se extinguirá. E muito mais rapidamente do que podeis imaginar.

No entanto, devo lhes informar que temos em volta deste planeta centenas de milhares de naves de resgate aguardando aqueles que pretendam sair antes do desastre.

Os que tiverem dentro de si a marca do egoísmo, do delírio desesperado do poder, da maldade enfim, dentro de suas almas, ao serem envolvidos por nossos raios de salvação, não resistirão e aí mesmo sucumbirão.

Aqueles outros, porém, que queiram continuar uma vida melhor e mais sadia fora deste planeta, numa terra iluminada e plena de paz, serão levitados pelos raios de absorção de nossas naves. Em seguida, serão transferidos para as grandes naves mães, que os recolherão no mais alto da estratosfera e os encaminharão para suas novas moradas num planeta inteiramente preparado para recebê-los e onde nada lhes faltará.

A grande evacuação será inevitável a partir do instante em que se aperte o botão para que ocorra a grande tragédia. Ela chegará subitamente, sem que ninguém a perceba!

Será tão repentina e tão súbita que estará terminada ainda antes de que se tenham dado conta de que ela tenha acontecido.

Nossas naves de resgate já se encontram em torno de vosso planeta e estão prontas para num piscar de olhos fazer funcionar os raios de resgate em todo o globo terrestre.

Devo dizer-lhes, no entanto, como minhas últimas palavras, que a salvação poderá chegar sem problemas se a grande maioria das almas que aqui habitam puder experimentar, ainda que seja por alguns instantes, O PERFEITO AMOR!

Talvez este resgate nem fosse necessário, se tudo isso pudesse ser processado por vós outros mesmos, sem a influência de qualquer de nós.

Deixo-vos com estas minhas palavras finais, para que tenham tempo de escutar ainda aquele que foi convocado por nossos irmãos do planeta ILOÉ, de uma galáxia muito distante, para conversar com o filho do GRANDE SENHOR DOS UNIVERSOS, que lhe delegou essa magnífica missão de salvá-los pela palavra."

Já agora através das emissoras de rádio e televisão o mundo inteiro tomava conhecimento e acompanhava tudo o que estava acontecendo às portas do edifício da ONU, na AMÉRICA!

KLANDOR afasta-se para me dar lugar.

Emocionado e com a voz embargada, tentei dizer as minhas primeiras palavras. Tive de me valer de toda força mental que possuía para acalmar-me e poder começar a falar.

Pedindo fervorosamente a esta energia maior que está acima de nós que me desse inspiração para poder encontrar as palavras corretas que permitisse fazer com que todas as pessoas no mundo inteiro, que naquele momento me escutavam, acreditassem e compreendessem que o que me fazia estar ali naquele instante era o AMOR MAIOR por todos os meus irmãos que vivem neste planeta.

Neste lapso de tempo precioso em que me concentrava para encontrar as palavras, senti a presença do amado MESTRE junto a mim, iluminando-me e dando-me a inspiração para poder dizer tudo o que tinha necessidade.

E minha voz saiu cheia de força e entusiasmo.
"Irmãos. Temos diante de nós a perspectiva da salvação ou da destruição. Acabo de chegar de uma viagem que fiz por mundos onde jamais sonhei poder algum dia sequer tomar conhecimento. Fui levado até lá para saber dos problemas que estariam prestes a destruir a humanidade.

Instruído por eles, voltei para transferir-lhes todas as suas apreensões, todos os seus anseios pela liberdade e segurança deste mundo em que vivemos.

Percebi, então, que a responsabilidade pela extinção ou pela continuação de nossa sobrevivência depende de cada um de nós.

Só os que acumularem sabedoria e conhecimentos, por meio dos pensamentos e atos que praticarem, serão abençoados. O que lamento é esta aflição que começa a intrometer-se em meu subconsciente pelo destino das crianças que poderão não sobreviver no instante da transferência para os mundos superiores.

Antes talvez tenhamos que limpar as suas vidas, secar as suas lágrimas, aplacar as suas dores e purificar seus corações.

Por favor. Deixem de lado seus ressentimentos, seus temores e esqueçam de alimentar seus egoísmos, perdoando-se uns aos outros pelos males que possam ter causado. Perdoem os grandes causadores de todas as desgraças que sempre se abateram entre nós. Confiem na única fonte de energia, força e vida que os sustenta e que lhes dá tudo de que têm necessidade, agora e sempre.

Vou implorar ao SENHOR supremo do UNIVERSO que se manifeste em sua grandeza e inspire os homens para que não cometam esse crime hediondo que pretendem perpetrar contra a existência dessa nossa humanidade."

E calei-me! Não tinha mais forças para continuar. O esforço tinha sido muito grande e a emoção que me afligia era ainda maior, pois eu percebia que todo aquele povo que estava ali reunido ria-se de nossas palavras, zombava de nossas preocupações e não acreditava em nada do que acabara de escutar.

Os outros, que em suas salas fechadas, planejavam o fim do mundo, já o tinham decretado.

Só nos restava partir.

Olhamo-nos com uma tristeza muito profunda, e abraçados, KLANDOR, o DALAI e EU, choramos juntos. E pensei: *"Espantosa inconsciência de quem não compreende; recuo desapontado dos empedernidos de coração e dos geradores de frieza."*

A nave espacial que nos havia trazido envia novo facho de luz para transportar-nos de volta a seu interior.

Uma vez lá, o DALAI LAMA diz a KLANDOR: "Leve-me de volta a MUSUORI na ÍNDIA. Quero providenciar tudo para que meu povo tenha conhecimento da decisão que tomei. E que o DEUS supremo universal nos ilumine". A um sinal de KLANDOR a nave parte com destino à ÍNDIA.

Ao chegarmos lá, o DALAI despede-se de nós dizendo: *"Podemos e devemos construir o amanhã. E onde quer que nos encontremos, em algum outro mundo, haveremos de construir uma união tão forte que seja suficiente para nos tornar mais humanos do que somos e do que já fomos.*

E que tal coisa não seja representada ou traduzida pelo porte de bandeiras com rótulos diferenciados, mas que venha para reafirmar o amor à vida e que nos possa permitir um futuro melhor para que possamos viver melhor.

E que tenhamos neste novo mundo que irá nos receber um amanhã cheio de esperanças, onde possamos ser os novos semeadores da vida.

Uma vida cheia de amor, recheada de amizades, respeito e confiança, que haveremos de construir com muito esforço para todos os que vierem depois de nós."

E enfeixando seus braços como que para estreitar-nos em pensamento, iniciou a descida para poder ir conversar com seu povo e explicar-lhes o novo caminho que teriam de trilhar.

Partimos novamente com destino a minha casa.

Lá, sobre o meu céu, nos despedimos. KLANDOR, rogando-me para que me prepare e a todos os meus para comigo subirem. Reafirmando sua confiança de que os homens que com ele estavam, em tantas outras naves à volta da Terra, conseguiriam resgatar a tempo todos os bons que se encontravam no globo terrestre. E nos encontraríamos, quem sabe, em MARDUK, nosso novo paraíso.

E partiu!

CAPÍTULO DEZ

UM PLANETA LUMINOSO

Pela primeira vez, depois de muito tempo, deitei-me tranqüilo ao lado de minha mulher.

Serenamente, contei-lhe a experiência maravilhosa que mudara minha vida por completo. Quando terminei, as lágrimas encheram meus olhos e ela beijou-me terna e apaixonadamente. E ficamos assim por um bom tempo, passando um a mão sobre os cabelos do outro, até que ela finalmente adormeceu. Ia apagar o abajur para dormir também, quando notei sobre a mesa de cabeceira a BÍBLIA SAGRADA.

Abri-a exatamente no capítulo que falava do APOCALIPSE, e pude ler então as seguintes palavras: *"BEM-AVENTURADO AQUELE QUE LÊ E AQUELES QUE OUVEM AS PALAVRAS DESTA PROFECIA E GUARDAM AS COISAS QUE NELA ESTÃO ESCRITAS, PORQUE O TEMPO ESTÁ PRÓXIMO. EU SOU O ALFA E O ÔMEGA; O PRINCÍPIO E O FIM; O QUE É E O QUE ERA E O QUE HÁ DE VIR. O TODO-PODEROSO".*

Fechei os olhos e firmei meu pensamento buscando saber de meus amigos.

De repente, percebo, através da janela de meu quarto, uma enorme bola de fogo bem próxima de minha casa. Ficou imóvel durante algum tempo, palpitante e calma, espalhando uma indefinível onda de PAZ.

Sua visão fez-me lembrar de alguma coisa que estava muito longe, alguma coisa que jamais poderia ser apagada. E pensei: *"Os irmãos das estrelas... enfim chegaram para cumprir suas missões"*.

Olhei minha mulher e comecei a notar que ela principiava lentamente a ser alçada na direção das naves que nos aguardavam acima de nós. Tomei-lhe então as mãos e juntos começamos a subir, sendo transportados para a primeira das naves que iria nos acolher.

Olhando para os lados, vi todos os meus entes queridos também serem levados e os olhos se me encheram de lágrimas.

Uma vez todos dentro da nave, ela partiu. Olhando pelas escotilhas, pude ver que todos os bons deixavam a TERRA, vindo se juntar a nós nas centenas de milhares de pequenas naves que, recolhendo-os, os levava em seguida para as NAVES MÃES, lá no alto, na estratosfera.

Quando não havia mais ninguém para subir, vimos um grande clarão.

E a TERRA explodiu em milhões de pedaços.

Uma vez mais chorei. Mas não de tristeza desta vez, e sim de pesar por todos aqueles que não quiseram ouvir a voz da razão e cederam em seus instintos assassinos, para terminarem suas vidas desta forma, dando lugar ao NADA.

E vi nossa nave mãe aproximando-se de nosso NOVO LAR.
UM PLANETA LUMINOSO.
Festivo e pronto para nos receber.
E era MARDUK seu nome.
O nome de nosso novo lar.
Minha mão segurava ainda a BÍBLIA SAGRADA.

E nas suas últimas páginas pude ler então o que lá estava escrito e em letras brilhantes: *"E depois dessas coisas, ouvi no céu como que uma grande voz de uma grande multidão que dizia ALELUIA, SALVAÇÃO E GLÓRIA. E HONRA E PODER AO SENHOR NOSSO DEUS.*

E vi um novo céu e uma nova terra. Nela habitarás e com todo teu povo um mundo novo construirás. E de seus olhos se limparão as lágrimas e não haverá mais mortes, nem pranto, nem clamor, nem dor, porque todas as outras coisas são passadas. Ficarão de fora os malditos, os feiticeiros, os que se prostituem, os homicidas, os assassinos e todos os que se portam mal."

Ao desembarcarmos na nova terra, olhei o horizonte e vi toda aquela gente plena de felicidade encontrar seu novo lar.

E olhando para o alto vi naquele céu formoso milhares e milhares de pequenas e grandes naves, que em coro desejavam a todos nós que a GRAÇA DO SENHOR JESUS CRISTO ESTIVESSE PARA SEMPRE CONOSCO.

AMÉM!

MADRAS® Editora — CADASTRO/MALA DIRETA

Envie este cadastro preenchido e passará receber informações dos nossos lançamentos, nas áreas que determinar.

Nome _____
Endereço Residencial _____
Bairro _____ Cidade _____
Estado _____ CEP _____ Fone _____
E-mail _____
Sexo ☐ Fem. ☐ Masc. Nascimento _____
Profissão _____ Escolaridade (Nível/curso) _____

Você compra livros:
☐ livrarias ☐ feiras ☐ telefone ☐ reembolso postal
☐ outros: _____

Quais os tipos de literatura que você LÊ:
☐ jurídicos ☐ pedagogia ☐ romances ☐ espíritas
☐ esotéricos ☐ psicologia ☐ saúde ☐ religiosos
☐ outros: _____

Qual sua opinião a respeito desta obra? _____
_____

Indique amigos que gostariam de receber a MALA DIRETA:
Nome _____
Endereço Residencial _____
Bairro _____ CEP _____ Cidade _____

Nome do LIVRO adquirido: **Cristo Inédito**

MADRAS Editora Ltda.
Rua Paulo Gonçalves, 88 - Santana - 02403-020 - São Paulo - SP
Caixa Postal 12299 - 02098-970 - S.P.
Tel.: (0_ _11) 6959.1127 - Fax: (0_ _11) 6959.3090
http://www.madras.com.br

Para receber catálogos, lista de preços
e outras informações escreva para:

MADRAS®
Editora

Rua Paulo Gonçalves, 88 — Santana
02403-020 — São Paulo — SP
Tel.: (0_ _11) 6959.1127 — Fax: (0_ _11) 6959.3090
http://www.madras.com.br